Ulli Felber · Michaela Kober

WALDBADEN FÜR KINDER

Übungen und Tipps für kleine
Entdecker und Ruhe-Sucher

Von Wald-
pädagog*innen
empfohlen

Schirner
Verlag

Die Ratschläge in diesem Buch sind sorgfältig erwogen und geprüft. Sie bieten jedoch keinen Ersatz für kompetenten medizinischen Rat. Alle Angaben in diesem Buch erfolgen daher ohne Gewährleistung oder Garantie seitens der Autorinnen oder des Verlages. Eine Haftung der Autorinnen bzw. des Verlages und seiner Beauftragten für Personen-, Sach- und Vermögensschäden ist ausgeschlossen.

Wir verzichten auf das Einschweißen unserer Bücher – **UNSERER UMWELT ZULIEBE!**

ISBN Printausgabe: 978-3-8434-1565-1
ISBN E-Book: 978-3-8434-6543-4

Ulli Felber & Michaela Kober:
Waldbaden für Kinder
Übungen und Tipps für kleine
Entdecker und Ruhe-Sucher

Umschlag: Hülya Sözer, Schirner,
unter Verwendung von #1384178999
(© Jacob Lund) und #389052964
(© Monkey Business Images),
www.shutterstock.com
Layout: Hülya Sözer, Schirner
Lektorat: Kerstin Noack-Zakel, Schirner
Printed by: Ren Medien GmbH,
Germany

www.schirner.com

1. Auflage August 2024

In Dankbarkeit für die unglaublich berührenden und lehrreichen Waldstunden mit meiner lieben Tochter.

Michaela

Für meinen Sohn, der mich die Wunder der Natur neu entdecken lässt!

Ulli

INHALT

LIEBE ELTERN, LIEBE GROSSELTERN …

Wir freuen uns sehr, dass unser kleines Werk den Weg zu euch gefunden hat. Als wir – Michaela und Ulli – uns vor Jahren begegnet sind, hat uns unsere Leidenschaft für den Wald sofort verbunden. Bis zu diesem Zeitpunkt hatten wir beide bereits zahlreiche Anfragen zum Thema »Waldbaden mit Kindern« erhalten, und so entstand die Idee, unsere jahrelange Erfahrung und unser praktisches Wissen zu den Themen »Waldpädagogik«, »Waldbaden« und »Arbeit mit Kindern« zu vereinen.

Eines ist uns zu Beginn wichtig: **Waldbaden für Erwachsene und Waldbaden für Kinder ist nicht dasselbe!** Allein innerhalb der kindlichen Entwicklung gibt es viele verschiedene Phasen, in denen sich das Erleben und Erfahren der Kinder so stark verändert, dass es beim Waldbaden einiges zu beachten gilt. Das Thema ist bücherfüllend, und glücklicherweise gibt es auch ausgezeichnete Literatur, primär aus der Wald- und Naturpädagogik, die sich umfassend damit auseinandersetzt. Unsere Literaturempfehlungen dazu findet ihr im Anhang.

Dieses Büchlein soll vor allem Eltern und anderen Bezugspersonen von Kindern die wichtigsten Inhalte gut verständlich und übersichtlich präsentieren und mit vielen Tipps und rund 40 abwechslungsreichen Übungen zu einem gelungenen Waldtag inspirieren. Selbstverständlich darf es ebenso als Inspirationsquelle für Pädagog*innen und Erzieher*innen oder beispielsweise für einen unvergesslichen Kindergeburtstag dienen.

Wir wünschen euch viel Freude beim Schmökern und Ausprobieren!

Ulli & Michaela

INFO

zur Leseransprache

Auch wenn wir der Einfachheit halber meist von »Eltern« sprechen, sind damit ebenfalls alle anderen wichtigen Bezugspersonen gemeint. Großeltern, Tageseltern, Tanten und Onkel dürfen sich gern ebenso angesprochen fühlen.
Außerdem verwenden wir stets den Singular »dein Kind«, um den Lesefluss nicht zu stören – gemeint sind aber natürlich immer alle Kinder, mit denen du die wunderbare Praxis des Waldbadens entdecken möchtest!

EINLEITUNG

WARUM WALDBADEN FÜR KINDER?

In den letzten Jahren hat sich Waldbaden zunehmend im deutschsprachigen Raum etabliert und besonders für Erwachsene eine Vielzahl an Literatur hervorgebracht. Dabei tut die Praxis des bewussten Verweilens im Wald, um sich körperlich und geistig zu erholen und die Gesundheit zu stärken, vor allem auch Kindern unglaublich gut.

Jeden Tag sind Kinder ständig starken Reizen durch Medienkonsum und laute Umgebungen ausgesetzt. Bereits die Kleinsten sind von Hektik und Leistungsdruck betroffen. Um diesen Stress zu regulieren, brauchen sie Unterstützung.

Der Wald hat in jeder Hinsicht viel zu bieten. Hier tanken Kinder auf, können sie frei spielen, Abenteuer erleben, ihren Bewegungsdrang ausleben – und zur Ruhe kommen. Im Gegensatz zu einem normalen Waldbesuch hat Waldbaden mit Kindern zum Ziel, die Heilwirkungen des Waldes mittels einfacher, kindgerechter Übungen zu intensivieren. Die Effekte des Waldbadens auf Kinder sind dieselben wie bei Erwachsenen, und doch gestaltet sich die Praxis selbst etwas anders.

INFO

Wusstest du, dass …

das Waldbaden in Japan, wo es in den 1980er-Jahren entstanden ist, »Shinrin Yoku« genannt wird? Wörtlich übersetzt bedeutet das so viel wie »Einatmen/Eintauchen in die Waldatmosphäre«. Daraus entstand im Englischen »Forest Bathing« und in weiterer Folge das deutsche »Waldbaden«.

WARUM NATURERLEBEN KINDERN SO GUTTUT

Seit einigen Jahren wird in den Medien das sogenannte Natur-Defizit-Syndrom thematisiert. Gemeint sind damit die zunehmende Entfremdung von der Natur und die damit verbundenen Folgen auf die Entwicklung von Kindern und Jugendlichen. Zwar steigt das allgemeine Umweltbewusstsein. Aber die Kenntnisse über und der direkte Kontakt mit der Natur nehmen ab.

Eine Vielzahl an internationalen Studien belegt die Bedeutung von Naturaufenthalten für die seelische Entwicklung von Kindern und Jugendlichen. Die Ergebnisse sind berührend und geben wirklich zu denken. Umfangreiche Ausführungen zu den positiven Effekten, die die Natur auf Kinder haben kann, würden den Rahmen dieses Büchleins sprengen, darum präsentieren wir dir an dieser Stelle lediglich einige der spannendsten Kernaussagen. Weiterführende Literatur findest du ab S. 132.

Naturerfahrungen können …

- Kindern als wertvolle Ressource auch in späteren Lebensphasen dienen.[1]
- bei Schulkindern Stress reduzieren und die kognitive Entwicklung anregen. Je regelmäßiger die Naturaufenthalte, desto größer der Effekt.[2]
- positive Emotionen stärken und zugleich negative Emotionen vermindern.[3]
- bei Kindern antidepressiv wirken.[4]
- das allgemeine Wohlbefinden sowie empathische Fähigkeiten steigern.[5]
- soziale Fähigkeiten fördern.[6]
- das Selbstwertgefühl von Kindern stärken.[7]
- das Gefühl der Selbstwirksamkeit erhöhen.[8]
- die Fähigkeit der Selbstregulation fördern.[9]
- einer besseren Motorik dienen, sodass Kinder fitter und weniger unfallgefährdet sind.[10]

INFO

Wusstest du, dass …

der Mensch in seiner Millionen Jahre langen Entwicklungsgeschichte mehr als 99,99 % in der Natur verbracht hat? Die Mehrheit der Menschen lebt also erst seit einem »Wimpernschlag« urban.

WIE WIRKT DER WALD AUF KINDER?

Internationale Studien beweisen die vielen positiven Effekte, die die Gesundheitspraxis des Waldbadens sowohl auf Erwachsene als auch auf Kinder haben kann.

Waldbaden …

- stärkt die Immunabwehr
- verbessert die Schlafqualität
- steigert das Wohlbefinden
- hellt die Stimmung auf
- verringert die subjektive Stresswahrnehmung
- aktiviert körperliche Erholungs- und Regenerationsprozesse

Aber warum ist das so?
Ein Beispiel dazu, das die Praxis des Waldbadens gut erklärt: Eine Atemübung im geschlossenen Kinderzimmer hat bereits eine Vielzahl positiver Effekte. Sie kann unter anderem beruhigend auf das zentrale Nervensystem deines Kindes wirken, das sich im Gegensatz zu dem von Erwachsenen noch im Aufbau befindet. Eine Atemübung kann Schmerzen und

Stress lindern, die Sauerstoffversorgung und Durchblutung steigern, den Stoffwechsel anregen und den Blutdruck senken. Dies alles wirkt sich positiv auf Kinder aus. Verlegt man die Atemübung nun aber in den Wald, können verschiedene Faktoren die Wirkung noch erheblich intensivieren, z. B.:

- **die Waldatmosphäre:** Verschiedene Grüntöne und typische Waldgeräusche wie Blätterrauschen oder Insektensummen – all dies wirkt beruhigend auf den Organismus von Erwachsenen und Kindern, und das nachweislich bereits nach 10 Minuten im Wald!
- **die heilsamen Terpene:** Einmal tief einatmen! Terpene in der Waldluft können das Immunsystem ankurbeln. Durch Atemübungen werden sie verstärkt aufgenommen.
- **apropos Waldluft:** Die Luft im Wald gilt als extrem sauber und weist im Vergleich zur Stadtluft 90 % weniger Staubteilchen auf.

Diese und viele weitere Faktoren machen Waldaufenthalte für Menschen jeden Alters und vor allem für Kinder so wertvoll.

INFO

Heilsame Terpene

Terpene sind wahre Immunbooster, die primär über die Atmung aufgenommen werden. Sie sind aerosol und Hauptbestandteile von ätherischen Ölen. Sie wirken antibakteriell, antifungal, entzündungshemmend, antimikrobiell sowie antiviral und haben damit auf vielen Ebenen positive Effekte auf die Gesundheit deines Kindes. Aber nicht nur das: Die Limonene und Alpha-Pinene der Waldluft scheinen direkt mit dem Immunsystem zu kommunizieren und erzeugen eine – wie Studien gezeigt haben – signifikante und über mehrere Wochen anhaltende Stärkung des Immunsystems.[11]

Pinene werden vor allem von den grünen Teilen der Nadelbäume, beispielsweise Fichtennadeln, oder auch vom Myrtenstrauch gebildet. Limonene wiederum werden von Zitrusgewächsen, Lavendel, aber auch von Kiefern, Fichten und Tannen abgegeben. Immergrüne Gewächse und Nadelbäume geben die meisten gesundheitsfördernden Terpene ab, aber auch Eichen, Buchen und andere Laubbäume verfügen über sie.

ACHTSAMES WALDBADEN UND KINDER – PASST DAS ZUSAMMEN?

Wenn du dich bereits mit Waldbaden beschäftigt hast und diese geruhsame Praxis kennst, wirst du dich aus gutem Grund fragen, wie es sich mit Kindern umsetzen lässt, da diese doch vordergründig ihren Bewegungsdrang ausleben wollen. Tatsächlich lässt sich Waldbaden für Erwachsene nicht eins zu eins auf Kinder übertragen.

In der Regel wachsen bei Kindern mit jedem Schritt, den sie tiefer in den Wald kommen, die Abenteuerlust und Entdeckerfreude. Für sie hat der Wald einen sehr hohen Aufforderungscharakter – er lädt dazu ein, gemeinsam etwas zu bauen, Äste zu schleppen, sich auf Erkundungstour zu begeben oder einfach nur durch die Gegend zu flitzen.

An einem Waldbadentag sogleich in ruhige, meditative Übungen einzusteigen, wie Erwachsene dies tun, wäre für Kinder unnatürlich und würde von den meisten vermutlich mit einem Naserümpfen abgelehnt werden. Erlaubt man ihnen hingegen, ihrem natürlichen Bedürfnis nach Aktion nachzugehen und auszuleben, wonach ihr Innerstes ruft, ist im Anschluss daran selbst bei den aufgewecktesten Rabauken Unglaubliches möglich.

WALDPÄDAGOGIK VS. WALDBADEN

Wer sich tiefgehender und vor allem aus pädagogischer Sicht mit Waldbaden beschäftigt, kommt – aus gutem Grund – nicht an der Waldpädagogik vorbei. Mit seinem über 30-jährigen Bestehen hat sich dieser spezifische Bereich der Pädagogik im deutschsprachigen Raum gut etabliert. Wo liegen nun die Gemeinsamkeiten und Unterschiede zum Waldbaden mit Kindern?

Ziel der **Waldpädagogik** ist es, den Wald vor allem Kindern und Jugendlichen auf spielerische und didaktisch wertvolle Art näherzubringen. Das Motto lautet dabei: »Im Wald vom Wald lernen.« Unter entsprechender Anleitung sollen Kinder und Jugendliche die Zusammenhänge in der Natur entdecken und den Wald selbst erkunden. Dieses Erleben und Erforschen ist in der Waldpädagogik oft mit viel Aktivität verbunden. Darin besteht vielleicht der größte Unterschied zum Waldbaden, wobei die Grenzen in der Praxis fließend sind.

Beim **Waldbaden** liegt der Fokus nicht ganz so stark auf der Naturvermittlung, die Aktivitäten sollen mehr in eine Ruhe und Entspannung führen, die Kindern als wertvolle Ressource auch im Alltag dient.

Was Waldpädagogik und Waldbaden eint, ist der Wunsch, durch die unmittelbare Begegnung mit dem Wald die Liebe zur und die Achtung für die Umwelt sowie das Verständnis für ihren Schutz und ihre Pflege zu fördern. Denn wie heißt es so schön: Es gibt keinen Planeten B. Wir haben nur einen Planeten, und es ist höchste Zeit, diesen entsprechend zu schützen und seinen Wert in jeder Facette unseres Alltags zu erkennen. Diese Wertschätzung entsteht vor allem durch die Naturverbundenheit selbst – sowohl bei Erwachsenen als auch bei Kindern.

WALDBADEN MIT KINDERN

DARAUF IST ZU ACHTEN

Jede Altersstufe erlebt den Wald anders

Der Wald tut grundsätzlich in jedem Alter gut. Worauf bei Kindern und Jugendlichen ganz besonders zu achten ist, ist, dass jede Altersstufe eine eigene Art und Intensität des Wahrnehmens und Erlebens hat. In diesem Buch fokussieren wir uns auf Kinder im Alter von 3 bis 10 Jahren, also auf Kindergarten- und Grundschulkinder. In der Praxis können in dieser Altersgruppe durchaus die gleichen Übungen durchgeführt werden. Der Unterschied liegt in der Herangehensweise und Dauer der Übung. Dazu später mehr.

Werde ein Wald-Nerd

Okay, das ist vielleicht etwas übertrieben. Aber möglicherweise hast du Lust, mehr über das wunderbare Ökosystem Wald zu erfahren. Sich gut mit den gängigsten Baumarten, Pflanzen und Tieren deiner Region auszukennen, kann für die Waldbadenpraxis förderlich sein. Oft bieten Waldschulen, Waldpädagog*innen oder Förster*innen stundenweise tolle Führungen und Workshops für Erwachsene und Kinder an. Natürlich gibt es auch viele richtig gute Bücher zu diesem Thema, aber am »lebenden Objekt« und noch dazu von Fachleuten lernt man in der Praxis zweifelsohne mehr. Hast du (noch) kein Fachwissen, lasse dich aber nicht davon abhalten, mit deinem Kind in den Wald zu gehen. Denn auch ohne alle Pflanzennamen zu kennen, könnt ihr wunderbar im Wald »baden«.

First things first: Mache zuerst deine eigenen Waldbaden-Erfahrungen

Wenn du mit deinem Kind regelmäßig waldbaden möchtest, empfehlen wir dir, zuerst deine eigenen Erfahrungen zu sammeln. Kinder sind sehr feinfühlige Wesen und können sich erfahrungsgemäß besser auf etwas Neues einlassen, wenn die Bezugsperson eine gewisse Sicherheit ausstrahlt und selbst bereits die wohltuende Wirkung des Waldbadens erlebt hat. Vielleicht gibt es einen Workshop zum Thema »Waldbaden« in deiner Nähe, den du besuchen möchtest. Oder du stöberst in der Vielzahl an Büchern zum Thema.*

---

* Kurse: www.waldwelt.at/workshops
Literatur: Ulli Felber »Waldbaden – Das kleine Übungshandbuch für den Wald« (Schirner Verlag, 2018) und »Waldbaden – Inspirationskarten für den Wald« (Schirner Verlag, 2021).

Heute geht es in den Wald

Wenn du selbst gern in den Wald gehst oder ihn vielleicht für dich neu entdeckt hast, wird dein Kind deine Begeisterung spüren. Wie genau du eure gemeinsame Waldzeit vorbereitest, kann ganz individuell sein. Höre einfach auf dein Gefühl, und entscheide, ob oder was dein Kind vorab zum Thema »Waldbaden« wissen sollte. Wenn ihr möchtet, sucht gemeinsam Übungen aus. Ist dein Kind von Grund auf offen und neugierig, kannst du es aber auch mit einer Waldzeit zu zweit und der ein oder anderen Übung überraschen.

Ein Tag oder lieber viele?

In Sachen Wald kann man wirklich sagen: Mehr ist mehr. Regelmäßige Waldtage, gleich, ob an einem fixen Tag in der Woche oder im Monat, haben viele Vorteile für euch: Je mehr, je länger und je vielfältiger (mal nur mit dir, mal mit beiden Eltern, mal mit Freund*innen …) dein Kind im Wald sein darf, desto intensiver werden seine Erlebnisse sein und desto nachhaltiger werden Körper, Geist und Seele deines Kindes – und natürlich auch deine – berührt.

Richte deinen Fokus auf dein Kind – Ruhe und Aktivität in Balance

Blätterrauschen im Wind, Vogelgezwitscher in der Ferne und absolute Stille … Waldbaden ist etwas ganz Wunderbares und kann für eine*n Erwachsene*n unglaublich erholsam sein. Natürlich gibt es auch mit Kindern diese ganz besonderen Momente, in denen Ruhe einkehrt. Dennoch ist es uns an dieser Stelle wichtig, zu betonen, dass das ruhige Waldbaden der Erwachsenen nicht mit jenem der Kinder gleichzusetzen ist. Beim Waldbaden mit Kindern darf es mehr Aktion geben und bunt zugehen! Vor allem Kindergartenkinder, aber zum Teil auch noch Grundschulkinder, sind in einer Lebensphase, in der der Bewegungsdrang taktgebend ist. Aus diesem Grund solltest du für euren Waldaufenthalt nicht nur ruhige Aktivitäten einplanen.

Gerade bei Kindern ist es wichtig, eine gute Balance zwischen Aktivität und Ruhe zu finden. Wenn ihr gemeinsam Zeit im Wald verbringt, sollte der Fokus immer auf deinem Kind und seinen Bedürfnissen liegen. Gehe daher auch unbedingt ab und an allein in die Natur, und erlebe in Ruhe dein eigenes Waldbad!

Lass dein Kind mitentscheiden

Als Elternteil ist es deine Aufgabe, dein Kind sicher zu führen und ihm einen angenehmen Rahmen für seine Erfahrungen zu bieten. Kinder schätzen es aber auch sehr, wenn sie mitreden dürfen. Darum entscheidet immer wieder gemeinsam, welche Waldbaden-Übung ihr ausprobieren möchtet.

Kinder brauchen Wiederholung

Je jünger dein Kind ist, desto wertvoller sind Wiederholungen, besonders dann, wenn du einen langfristigen Effekt erzielen möchtest. Wenn es euch möglich ist, geht also regelmäßig gemeinsam in den Wald, wiederholt eure liebsten Übungen, und genießt auch neue Impulse. Mit der Zeit wird sich dein Kind immer besser auf das Waldbaden einlassen, sich länger konzentrieren und immer leichter zur Ruhe kommen können.

Bring a friend

Für dein Kind kann es spannend sein, wenn es den Wald mit einem oder mehreren Kindern entdecken und erleben darf. Gleich, ob Geschwister oder Freund*in – lasse dein Kind die Waldbaden-Übungen mit Gleichaltrigen ausprobieren. Kinder im selben Alter haben einen sehr ähnlichen Erlebnishorizont, was für sie das Eintauchen in den Wald zu einer besonderen und ganz anderen Erfahrung macht als mit einem Erwachsenen.

Genieße den Moment

Versuche, weder große Erwartungen noch zu konkrete Vorstellungen davon zu haben, wie die gemeinsame Waldbaden-Zeit mit deinem Kind verlaufen soll. Natürlich ist es sinnvoll, vorher zu überlegen, was deinem Kind gefallen könnte und guttun würde, sei aber gleichzeitig offen für all das, was sich ergibt. Wenn dein Kind gerade keine Lust auf eine bestimmte Übung hat, dann ärgere dich nicht. Was zählt, ist der Moment. Das bedarf natürlich einiges an Flexibilität – aber du wirst sehen, es lohnt sich! Vielleicht braucht dein Kind noch etwas Zeit, um den Wald kennenzulernen. Vielleicht muss es sich vorher austoben, hat eine eigene Idee für eine Aktivität oder mag einfach nur auf dem Waldboden liegen, mit dir kuscheln und den Geräuschen lauschen. Diesen Bedürfnissen Raum zu geben, ist viel wichtiger, als stur irgendwelchen Übungen zu folgen! Außerdem wirst du merken, dass dein Kind mit jedem Waldaufenthalt offener für neue Informationen und Übungen wird.

Betrachte den Waldbaden-Tag als ein Geschenk für dein Kind, zu dem es Ja oder auch Nein sagen kann.

Sicherheit geben – auch bei Donnergrollen & Co.

Kinder haben sehr feine Antennen für Wetterumschwünge oder Dinge, die im Wald gerade los sind – ein Rascheln, aufkommender Wind etc. Diese »Störmomente« solltest du nie ignorieren, sondern sie als Teil des Erlebnisses betrachten und immer darauf eingehen. Das gibt deinem Kind Sicherheit! Kommen beispielsweise Wind und stärkere Böen auf, solltet ihr den Wald lieber wieder verlassen. Achte hier auf dein Feingefühl, teile deinem Kind ruhig und, ohne ihm Angst zu machen, mit, dass du das Wetter registriert hast und es nun Zeit ist, nach Hause zu gehen.

Häufig machen sich Wetterumschwünge aber auch an der allgemeinen Stimmung bemerkbar. Vielleicht ist dein Kind unruhig oder wirkt unzufrieden, oder euer Zusammensein verläuft weniger harmonisch als sonst. Gehe darauf ein, kommuniziere, dass du diese Stimmung wahrnimmst, und stelle einen Bezug zur Natur her. Vermittle deinem Kind, dass du die Anspannung in der Luft spürst und dies daran liegt, dass im Laufe des Tages z. B. Regen oder ein Gewitter kommen wird. Oft reicht es, dass ein Kind Worte dafür bekommt, was es selbst spürt, damit es sich wieder entspannen und in ein vertieftes Spiel oder eine ruhige Übung eintauchen kann.

Es gibt deinem Kind große Sicherheit, wenn du zeigst, dass du aufmerksam für es und die Natur in all ihren Facetten bist!

Auch Waldbaden im Regen darf sein

Es spricht nichts dagegen, auch einmal ein »Waldbad« im Regen zu nehmen. Ganz im Gegenteil. Regentage sind immer etwas Besonderes für Kinder: Der Wald erstrahlt in intensiven Farben, die Geräuschkulisse ist eine ganz andere als an Sonnentagen, die Luft ist herrlich reingewaschen und erfüllt von heilsamen Terpenen. Tiere lassen sich entdecken, die sich sonst verstecken. All das darf mit viel freudigem Staunen erlebt und erforscht werden!

Für einen Regenausflug in den Wald sind zwei Dinge ganz wichtig: der »passende« Regen und die richtige Ausrüstung. Ein feiner bis normaler Regen ist okay, bei Starkregen oder gar Gewitter solltet ihr den Wald eher meiden. Bei der Ausrüstung sind regendichte Kleidung und Gummistiefel essenziell – damit steht eurem Waldabenteuer auch bei Regen nichts im Wege!

VORBEREITUNG AUF DEN WALDBESUCH

Der richtige Wald

Immer wieder werden wir gefragt, was der »beste« oder der »richtige« Wald fürs Waldbaden ist. Das Wichtigste ist, dass der Wald frei zugänglich ist und ihr euch dort wohlfühlt. Darüber hinaus gibt es weitere hilfreiche Kriterien, beispielsweise, dass das Waldstück gut begehbar und übersichtlich ist, es eine biologische Vielfalt gibt und dass der Wald einen hellen und gesunden Eindruck macht. Immer schön ist auch, wenn es ein paar dicke, alte Baumriesen gibt.

Ein schönes Plätzchen auswählen

Vielleicht kennst du schon ein nettes Waldstück, das du gern mit deinem Kind für euer Waldbad besuchen möchtest. Falls nicht, mache dich vorab auf die Suche, oder begib dich mit deinem Kind gemeinsam auf Erkundungstour, und tauche mit ihm erst einmal in den Weg zum Waldplatz und den Wald an sich ein. In letzterem Fall ist der erste Waldtag vielleicht noch kein geruhsames Waldbad mit Übungen, aber dennoch ein wunderschönes Abenteuer!

Wettercheck

Damit euer Waldbaden-Ausflug ein angenehmes Erlebnis wird, wähle einen Tag aus, an dem freundliches Wetter vorhergesagt wird und vor dem es eine Weile nicht geregnet oder gestürmt hat, sodass ihr vor matschigen Böden und Astbruchgefahr geschützt seid. An den weiteren Waldtagen darf es, wie gesagt, auch einmal ein Regentag sein.

Deine Packliste

In den Wald kann man gar nichts oder so einiges mitnehmen, Letzteres vor allem dann, wenn man mit Kindern unterwegs ist.

Denke in jedem Fall an festes Schuhwerk mit Profil (Gummistiefel an Regentagen) sowie dem Wetter und den Temperaturen angepasste Kleidung. Im Wald ist es immer ein paar Grad kühler als in der Stadt – das macht sich nach einiger Zeit wirklich bemerkbar. Zieht darum lieber direkt eine Schicht mehr an, oder nehmt einen zusätzlichen Pullover mit! Außerdem schützen lange Ärmel besser vor Zecken und Schürfwunden.

Darüber hinaus entscheidest du selbst, was oder wie viel du einpackst.

Hier ein paar praxiserprobte Empfehlungen:

- Regenschutz für dich und dein Kind und Regenhülle für den Rucksack
- Sitzunterlage oder Decke
- Taschentücher/Toilettenpapier
- Erste-Hilfe-Paket mit (Zecken-)Pinzette, Pflaster und Desinfektionsspray
- geladenes Mobiltelefon (inkl. Notfall-Apps)
- kleine Müllbeutel
- dein Waldbaden-Übungsbuch

Denke daran, ausreichend Proviant und Getränke für dich und dein Kind mitzunehmen (idealerweise ohne Verpackungsmaterial). Bei ausgedehnten Waldaufenthalten oder kaltem Wetter empfehlen wir, ein warmes Essen in einer Warmhaltebox einzupacken. Der Wald macht hungrig, und ein sattes Kind kann leichter in die Ruhe kommen und länger verweilen als ein hungriges. An kalten Tagen helfen Handschuhe und warmer Tee oder Kakao dabei, sich zwischendurch aufzuwärmen.

Bei Bedarf:

- Bilder- und Vorlesebücher zum Thema »Wald«
- Bestimmungsbücher
- Lupe, Fernglas
- Hängematte

Sicher ist sicher

Betrachte die ausgewählten Wege und Plätze immer mit Aufmerksamkeit: Gibt es tote Bäume oder tote Äste in unmittelbarer Nähe, die auf weitere »absturzgefährdete« Äste in den Baumkronen hindeuten? Dann meide unbedingt diesen Platz. Entdeckst du Erdwespennester in der Nähe, wähle ebenfalls umgehend einen anderen Ort aus. Einen Überblick über typische Gefahrenquellen im Wald und wie du damit umgehst, findest du am Ende dieses Buches (S. 126).

Dein Kind auf den Wald einstimmen

Beim Einstimmen kommt es ganz darauf an, welche Vorerfahrung dein Kind mit dem Wald hat. Seid ihr regelmäßig im Wald, wird es keine oder wenig Vorbereitung benötigen. Ist der Wald hingegen neues Terrain, dann ist es für dein Kind vielleicht ganz schön, wenn ihr euch gemeinsam auf eure Zeit dort einstimmt. Ein jüngeres Kind kannst du gut mit kurzen Geschichten auf den Waldtag oder einzelne Übungen vorbereiten. Es braucht vor allem spielerische Erklärungen und Einleitungen. So kannst du am besten das Interesse deines Kindes wecken und es begeistern! Ein Kind im Grundschulalter wiederum braucht oft mehr spannenden Input und ist vermutlich eher dafür zu gewinnen, wenn es eine*n Freund*in mitnehmen darf. Du kannst einem Grundschulkind z.B. die Wirkung der Terpene durchaus etwas »wissenschaftlicher« erklären.

Hier ein paar Inspirationen, denen ihr euch vorab widmen könnt, wenn ihr Lust dazu habt:

- **Braucht man zum Waldbaden eine Badehose?** Lasse dein Kind einfach lustig raten, was Waldbaden sein könnte. Dann erkläre den Begriff, und erzähle, was du vorhast.
- **Was gibt es im Wald, das besonders guttun könnte?** Viele Forscher*innen auf der ganzen Welt haben herausgefunden, dass Waldbesuche

gut für uns Menschen sind, z. B.: Ruhe, Farben, Waldluft, Geräusche.

- **Was kann man im Wald tun?** Erarbeite die Antwort darauf gemeinsam mit deinem Kind.
- **Was ist das Typische und Besondere an der aktuellen Jahreszeit im Wald?** Wie heißt die Jahreszeit, welche Monate gehören dazu, woran erkennt man sie? Z. B.: Farben, Düfte, Wetter, Temperatur, Früchte/Samen etc.
- **Was gibt es im Wald, was es zu Hause nicht gibt? Und was gibt es zu Hause, was es in ähnlicher Art im Wald auch gibt?** Z. B.: Sofa vs. weicher Moosplatz, Sonnenschirm vs. Blätterdach, Klettergerüst vs. Baumstämme.
- **Bäume in den Jahreszeiten:** Wie wissen Bäume, wann es Zeit ist, die Blätter abzuwerfen oder im Frühjahr wieder Blätter zu bekommen? Was passiert im Winter? Schwitzen Bäume im Sommer wie wir Menschen? Gibt es Unterschiede zwischen den Baumarten?
- **Waldpflanzen in den Jahreszeiten:** Welche Pflanze kann man wann finden? Welche Pflanzenteile sind genießbar, welche sind giftig?
- **Die Tiere im Wald sind immer spannend für Kinder, binde auch hier die Jahreszeiten ein:** Wer hält Winterruhe, Winterstarre, Winterschlaf? Wann bekommen welche Tiere ihre Babys? Z. B. Vogeleier im Frühling, Röhren der Hirsche im Herbst, was machen sie im Sommer?

Jahreszeiten als Inspiration

Es gibt so viele schöne Ansätze, den Wald zu erleben. Nichts spricht dagegen, einfach ohne große Vorbereitung loszugehen und zu sehen, was es an diesem Tag zu entdecken und genießen gibt. Wenn ihr häufiger waldbaden geht, könnt ihr auch die Jahreszeiten als Inspirationsquelle nutzen. Lenkt eure Aufmerksamkeit z. B. darauf, welche Qualitäten und Besonderheiten die aktuelle Jahreszeit ausmachen. Wie sieht der Wald aus? Was kann man gerade entdecken, hören, sehen, riechen, schmecken? Kinder lernen am besten, wenn sie unter den vorhandenen Gegebenheiten ihre eigenen Erfahrungen machen können und dazu von Erwachsenen vielfältig, anregend und spielerisch Wissen vermittelt bekommen.

Die Seele deines Kindes kann am tiefsten berührt werden, wenn es die Schönheit der Natur in Ruhe erleben darf und durch eigene Erfahrungen in dieses Wunder eintauchen und ein Teil davon werden kann. Dies stärkt und prägt für ein ganzes Leben.

Verhalten im Wald

Vergesst nicht, dass ihr Gäste im Wald seid! Sei dir als Erwachsene*r deiner Vorbildrolle bewusst, und lebe deinem Kind ein entsprechendes Verhalten vor. Dazu gehört, den Tieren und Pflanzen gegenüber respektvoll zu sein sowie den Wald so zu verlassen, wie man ihn vorgefunden hat:

- **Der Wald ist ein Lebensraum für sehr viele Tiere:** Besprich mit deinem Kind, welche Tiere im Wald leben, welche davon tagaktiv sind und dass es viele Tiere gibt, die tagsüber schlafen und ihre Ruhe haben wollen. Animiere es dazu, sich im Wald achtsam zu verhalten und nicht zu schreien.
- **Kein Müll im Wald!:** Sammelt anfallenden Müll, und nehmt ihn entweder im eigenen Rucksack oder mitgebrachten Müllsack mit. Egal, ob es der eigene oder fremder Müll ist.
- **Keine Pflanzen, Beeren, Pilze essen!:** Erkläre deinem Kind, dass Pflanzen, Beeren und Pilze niemals gegessen werden dürfen, ohne dass es dich vorher fragt. Erlaube dies nur, wenn du das Gewächs oder die Frucht sicher kennst und weißt, dass es oder sie genießbar ist.

»Ich muss mal!«

Für den Fall der Fälle sucht euch ein abgelegenes Plätzchen. Für das große Geschäft grabt ein kleines Loch, und verbuddelt es im Anschluss (bei Bedarf Schäufelchen mitnehmen). Verwendet umweltfreundliches Toilettenpapier, besser noch entsorgt ihr dieses nach dem Geschäft in eurem Müllbeutelchen. Anschließend: Verknoten, mitnehmen und in die Mülltonne werfen!

DIE ÜBUNGEN

ERST EINMAL ANKOMMEN

Wenn ihr euren ausgewählten Waldplatz erreicht habt, seht euch zunächst einmal um. Vielleicht möchtet ihr den Wald, die Tiere und die Pflanzen begrüßen. Vielleicht hast du mit deinem Kind ein Lied ausgesucht, das ihr zusammen als Einstimmung singen wollt, oder ihr genießt gleich eine kleine Brotzeit, sodass dein Kind gut gestärkt in euer Waldabenteuer eintauchen kann.

Bevor ihr anschließend mit der ein oder anderen Übung beginnt, lasse dein Kind erst einmal den Wald erkunden und frei spielen.

Mehr zum freien Spiel, unserem Übungskonzept und dem Ablauf eines Waldbadentages findest du auf den folgenden Seiten.

DIE WALDZEIT-TRIADE – UNSER ÜBUNGSKONZEPT

Wenn du selbst gern im Wald bist und mit deinem Kind oder mit Kindern allgemein bereits viel Zeit in der Natur verbracht hast, wird es dir möglicherweise leichtfallen, euren Waldtag ohne große Planung zu gestalten, flexibel auf jede Situation einzugehen und deinem Kind spontan Übungen anzubieten, die gerade passend sind. Trotzdem möchten wir dir an dieser Stelle gern einen praxiserprobten »grünen Faden« zur Verfügung stellen. Dieses Übungskonzept soll dir als Inspiration für eure gemeinsamen Waldbaden-Einheiten dienen!

Basierend auf unserer praktischen Erfahrung und unserem pädagogischen Ansatz gibt es für uns beim Waldbaden mit Kindern drei wichtige Säulen:

ABENTEUER – freies Spiel

AKTIVITÄT – ruhige Aktivitäten für alle Sinne

RUHE – Fantasiereisen, Körper- und Atemübungen, stille Meditationen

ABENTEUER – freies Spiel

Ein individuelles Waldabenteuer zu Beginn

Der Wald bietet Kindern unglaublich viel zum Staunen! Schmetterlinge fliegen vorbei, Blümchen blühen, Ameisenkolonnen krabbeln einmal quer über den Waldweg, Vögel singen und kommen manchmal ganz nah. Vielleicht springt ein neugieriges Eichhörnchen vorbei, oder der Eichelhäher lässt seinen »Polizei-Warnkrächzer« ertönen.

Gerade am Anfang eines Waldtages wollen viele Kinder diese nicht alltägliche Umgebung erst einmal für sich entdecken. Hier gleich mit ruhigen Übungen zu beginnen, wäre wohl nur schwer bis gar nicht durchführbar. Zum freien Spiel darf dein Kind seinen eigenen Impulsen nachgehen. Wahrscheinlich wird es dich miteinbeziehen. Wenn es für dich passt, mache unbedingt mit, und teile mit ihm diesen magischen Beziehungsmoment! Tue es aber nicht, wenn du eigentlich lieber etwas anderes machen würdest. Dein Kind spürt es, wenn du nur mit halbem Herzen dabei bist. Wenn dein Kind allein losziehen will, macht unbedingt ein Areal aus, in dem es sich allein bewegen darf, wo du es aber jederzeit sehen kannst.

Zeitlicher Rahmen: Plane für den Bereich »Abenteuer – freies Spiel« mindestens eine halbe Stunde ein!

»Ich weiß noch nicht …«

Es kann natürlich auch sein, dass dein Kind anfangs sehr zögerlich ist, weil es noch nicht weiß, was es tun könnte. In so einem Fall kannst du aktiv werden: Vielleicht baut ihr einfach etwas gemeinsam, macht ein Rollenspiel oder spaziert über den Waldplatz und entdeckt zusammen die vielen klitzekleinen Details. Achte darauf, dein Kind nicht zu sehr zu animieren, sondern gib ihm den Raum, sich selbst einzubringen. Einfach nur ruhen und kuscheln darf natürlich auch sein!

INFO

Wusstest du, dass …

das sogenannte freie Spiel in der Kinderrechtskonvention der Vereinten Nationen verbrieft ist?

AKTIVITÄT – ruhige Aktivitäten für alle Sinne

Wenn sich die erste Aufregung im Zuge des freien Spiels gelegt hat, ist der ideale Zeitpunkt, mit Übungen aus dem Bereich »Aktivität« zu beginnen. Im Unterschied zum freien Spiel sind Übungen aus diesem Themenkreis angeleitet und geführt.

Sanfte Überleitung

Bevor du mit einer Übung beginnst, nutze die Gelegenheit, dich mit deinem Kind über das (gemeinsam) Erlebte im freien Spiel kurz auszutauschen. Ihr könnt darüber reden, was ihr gerade unternommen habt und was vielleicht der angenehmste oder spannendste Moment dabei war. Anschließend kannst du zur ersten Übung überleiten.

»Ich mag gerade nicht!«

Auch wenn es für Kinder meist sehr spannend ist, den Wald zu entdecken, kann es natürlich auch vorkommen, dass dein Kind eine Übung gerade nicht machen möchte. Auch das darf sein! Vielleicht widmet ihr euch dann lieber noch ein bisschen dem freien Spiel, oder ihr wählt einfach eine andere Übung. Versuche, es nicht persönlich zu nehmen oder nicht gekränkt zu sein, wenn dein Kind gerade keine Lust auf eine Übung hat, die du mühevoll vorbereitet hast. Dein Kind will dich damit nicht verletzen, sondern steht in diesem Moment einfach ehrlich für seine Bedürfnisse ein. Ein anderes Mal wird die Übung super ankommen.

RUHE – Fantasiereisen, Körper- und Atemübungen, stille Meditationen

Übungen aus dem Bereich »Ruhe« haben zum Ziel, Kinder zur absolut möglichen Ruhe zu führen. Dass hierfür eine gute Vorbereitung nötig ist, liegt auf der Hand, da es nicht unbedingt dem natürlichen Drang der Kinder in dieser Altersspanne entspricht. Du wirst vielleicht erstaunt sein, wie viel Ruhe bereits mit Kindergartenkindern möglich ist. Sei dir jedoch bewusst, dass du eventuell Übungen aus diesem Bereich an mehreren Tagen anbieten musst, damit dein Kind sich Schritt für Schritt auch längeren Ruhephasen annähern und letztlich ganz in die Stille eintauchen kann. Gib dem Ganzen Raum und Zeit, und versuche nicht, etwas zu erzwingen! Bedenke, dass die Ruhe-Übungen möglicherweise eine ganz neue Erfahrung für dein Kind sind.

Sanfte Überleitung

Wie beim Wechsel vom freien Spiel zur Aktivität empfiehlt sich auch beim Wechsel von der Aktivität zur Ruhe ein sanfter Übergang. In diesem Fall eignen sich vor allem kleine Geschichten, einleitende Worte oder auch kurze Zwischenübungen. Beispiele dazu findest du im Übungsteil.

Anforderungen und Dauer anpassen

Kindergartenkinder haben in der Regel eine viel kürzere Aufmerksamkeitsspanne als Grundschulkinder und werden schneller müde. Wie immer gilt: Passe die Anforderungen und die Dauer der Übung einfühlsam an das Alter deines Kindes an. Während ein Kind im Kindergartenalter meist mit einer Übung aus dem Bereich »Aktivität« und einer Übung aus dem Bereich »Ruhe« an einem Waldtag genug hat, kannst du deinem Kind, falls es schon älter ist, auch längere oder mehrere Übungen aus dem Bereich »Ruhe« anbieten.

DER GRÜNE FADEN

Die Waldbaden-Einheit mit deinem Kind kann z. B. wie folgt ablaufen:

- Ankommen im Wald
- Brotzeit bei Bedarf
- **Abenteuer – Freiraum und freies Spiel**
- Übergang: kurzes Gespräch über Erlebtes (Wenn dein Kind noch jünger ist, erinnere es an den Toilettengang, damit ihr eure ruhigen Aktivitäten nicht unterbrechen müsst.)
- **Aktivität – ruhige Aktivitäten für alle Sinne**
- je nach Zeit und Alter: 1–3 Übungen
- Übergang: kleine Geschichte oder Zwischenübung
- **Ruhe – meditative Fantasiereisen**
- je nach Zeit und Alter: 1–2 Übungen
- Abschluss: Gemeinsam erzählt ihr von euren Erlebnissen. Stelle deinem Kind konkrete Fragen, und höre ihm aufmerksam zu!

Weniger ist mehr!

Auch wenn du eine Fülle an Übungen kennst oder entdeckst, die du toll findest und unbedingt mit deinem Kind ausprobieren möchtest: Biete lieber weniger Übungen an, damit dein Kind und du diese dann wirklich bewusst erleben und in vollen Zügen genießen könnt.

Einen Rahmen geben – und aus dem Rahmen fallen

Du weißt: Es ist wichtig, einen Rahmen zu setzen, aber genauso wichtig ist es, aus dem Rahmen fallen zu dürfen. Und genau unter diesem Motto sollst du unseren Leitfaden verwenden. Was an eurem gemeinsamen Waldtag gerade klappt, darf sein. Genauso wie andere Übungen, spontane Ideen, kleine Abenteuer und freies Spiel sein dürfen. Die Natur lehrt uns Veränderung, und so ist jeder Tag im Wald ein bisschen anders.

EIN BUNTER STRAUSS AN ÜBUNGEN

Im Folgenden findest du einen bunten Strauß an Übungen aus den Bereichen »Aktivität« und »Ruhe«, aus denen du wählen kannst. Einige wirst du so oder in abgewandelter Form vielleicht schon kennen, andere werden ganz neu für dich sein.

Alle Übungen sind der Einfachheit halber auf dich und ein Kind ausgelegt. Sie lassen sich aber auch ganz wunderbar für Gruppen adaptieren und mit mehreren Kindern durchführen. Zusätzlich haben wir im Anschluss noch ein paar ausgewählte Gruppenübungen zusammengestellt.

INFO

Im Winter oder bei Regen?

Einigen Übungen in diesem Buch sind Symbole für die Jahreszeiten zugeordnet, die dir die Auswahl erleichtern sollen. Vielleicht suchst du eine Übung für einen kalten Winter- oder Regentag oder eine, mit der du den wundervoll bunten Herbst mit deinem Kind genießen kannst.

Die Symbole und ihre Bedeutung auf einen Blick:

 Frühling

 Sommer

 Herbst

 Winter

 Regen

Uns ist es an dieser Stelle wichtig, noch einmal zu betonen: Auch wenn wir beim Waldbaden mit Kindern den Fokus auf Übungen legen, die zur Ruhe führen, ist diese Form des Waldbadens oft wesentlich aktiver als jene für Erwachsene. Und das darf sein. Denn wie viele Studien zeigen, verfehlt der Wald auch dann nicht seine gesundheitliche und entspannende Wirkung. Einflussfaktoren wie Wetter, überraschende Situationen (z. B. die Sichtung eines Rehs) sowie eure Bedürfnisse und Stimmungen verlangen Flexibilität und gehen immer vor, ganz gleich, welchen Ablauf ihr ursprünglich geplant habt. Was wirklich zählt, sind Freude, Genuss und viele schöne gemeinsame Momente im Wald.

In diesem Sinne wünschen wir dir und deinem Kind nun viel Spaß beim Ausprobieren.

AKTIVITÄT – ruhige Aktivitäten für alle Sinne

Die Waldschwelle

Ein uns lieb gewordenes kleines Ritual sowohl für Erwachsene als auch für Kinder ist die sogenannte Waldschwelle, bei dem ein markanter Punkt als Schwelle ausgewählt und zu Beginn des Waldbesuchs bewusst übertreten wird, denn: Der Wald ist ein nicht ganz alltäglicher Raum, und genau so, wie wir z. B. zum ersten Mal das Zuhause von Freunden betreten, tun wir das auch beim Besuch des Waldes – achtsam und voller Neugier. Wir sehen uns um, nehmen die Umgebung wahr, kommen an. Wie sieht der Wald aus, welche Pflanzen und Bäume wachsen hier? Wie ist das Licht, die Stimmung, das Wetter?

Oft bieten sich beim Betreten des Waldes ohnehin passende Gegebenheiten als Tor bzw. Waldschwelle an, z. B. eine markante Wurzel oder eng beieinanderstehende Bäume. Falls dem nicht so ist, kannst du auch einen Stock zur Markierung auf den Boden legen. Bei jedem Waldbesuch wird nun die Waldschwelle ganz bewusst überschritten: Ihr stellt euch dabei vor, wie der Alltag draußen bleibt und ihr in die besondere Atmosphäre des Waldes eintaucht. Ihr seht euch bewusst für ein paar Momente in Stille um und begrüßt den Wald, wenn ihr möchtet.

Baumwächter

Gemeinsam mit deinem Kind einen Baumwächter für euren Platz auszuwählen, macht nicht nur Spaß, sondern birgt viel Potenzial für weitere Spielideen.

Erkläre deinem Kind, dass es doch schön wäre, wenn euer Waldplatz einen Baumwächter hätte, der immer gut auf den Platz, die anderen Bäume, Pflanzen, Tiere und auch auf euch aufpasst. Macht euch gemeinsam auf die Suche, betrachtet die verschiedenen Bäume, und wählt einen Wächter aus. Anschließend begrüßt ihn ausgiebig, und macht ihm kleine Geschenke wie Steine oder Hölzchen, Samen oder, was auch immer ihr schenken möchtet. Ihr könnt ihm auch ein Lied vorsingen. Und wer weiß, vielleicht fällt deinem Kind auch ein Name für den Baumwächter ein.

Falls ihr den Waldplatz regelmäßig aufsucht, kann der Baumwächter als Anker dienen. An jedem neuen Waldtag wird er z. B. gleich zu Beginn begrüßt. Oder ihr denkt euch gemeinsam Geschichten rund um ihn aus. Ihr könnt zu seinen Wurzeln spielen, essen, Mandalas legen oder Samen und Nüsse für die Tiere des Waldes ablegen. An eurem Baumwächter könnt ihr auch den Wandel der Jahreszeiten mitverfolgen. Eurer Kreativität sind keine Grenzen gesetzt!

Waldregenbogen legen

Der Wald ist bunt, ganz besonders natürlich im Herbst. Sammelt Naturmaterialien unterschiedlicher Farbe – Blätter und Rinden, Moose, Flechten, Steine etc. Dann legt zuerst alles auf einem möglichst freien Bereich auf den Waldboden, und betrachtet die Farben. Danach ordnet die Materialien gemeinsam zu einem Regenbogen an. Ihr könnt auch einen gebogenen Ast verwenden, an dem entlang der Waldregenbogen entstehen darf.

Waldkugelbahn

Material: 1–2 Holzkugeln (Durchmesser ca. 4 cm), alternativ 1–2 Tennisbälle

Wer liebt sie nicht: Kugelbahnen in allen Formen und Längen. Nun werdet ihr zu Ingenieur*innen und erschafft eure eigenen Kugelbahnen. Was es dazu braucht? Einen schrägen Waldboden oder einen nicht zu steilen, kleinen Hang. Dann kann es auch schon losgehen: Aus Rindenstückchen, Ästen, Zweigen und Co. legt ihr eine Bahn. Eurer Kreativität sind natürlich keine Grenzen gesetzt: Auch Steine, Erde, Wurzeln und vieles mehr dürfen zum Einsatz kommen. Wenn ihr möchtet, lasst Tunnel und kleine Schanzen entstehen. Dann wird es spannend: Die Kugel rollt los – schafft sie es bis ans Ziel, oder müsst ihr noch kleine Änderungen am Bau vornehmen?

Matschcakes

Material bei Bedarf: einige Cupcake-Becher

An Waldbächen oder oft auch nach einem Regenguss finden sich Wasserpfützen, in denen die Erde aufgeweicht ist und es sich wunderbar »gatschen« (durch Matsch gehen) lässt – wie wir in Österreich sagen. Für einige Zeit wird der Wald nun zur Backstube, und ihr könnt lustige »Matschcakes« in Anlehnung an Cupcakes kreieren. Was zeichnet Cupcakes aus? Ein kleiner Becher aus Papier, ihre beinahe kugelige Form und eine schöne Verzierung. Ihr könnt kleine Cupcake-Becher aus Papier mitbringen oder einfach Blätter nutzen, um die Matschcakes darauf zu positionieren. Als Verzierung eignen sich Blätter, Blüten, Steinchen und frisch gesammelte Waldfrüchte. Also nichts wie los – ran ans Backen!

Gatschgnome

Es müssen nicht immer Matschcakes sein. Mit Matsch (österr.: »Gatsch«) lässt sich so einiges zaubern. Z. B. freche Gatschgnome, besser gesagt: ihre Köpfe. Einfach große Kugeln und vielleicht auch Nasen und Ohren formen. Gräser und Blätter werden zu lustigen Frisuren, Steinchen und Samen zu Augen.

Auf leisen Sohlen

Diese Übung bietet eine gute Gelegenheit, sich mit einigen Waldtieren näher zu befassen!

Überlege gemeinsam mit deinem Kind, welche Waldtiere manchmal richtig Lärm machen und welche sich auf leisen Sohlen durch den Wald bewegen. Wählt bis zu drei Tiere aus, und widmet euch diesen nacheinander. Ein Beispiel: Ihr habt euch das Reh ausgesucht. Nun erörtert, wie sich Rehe bewegen und wo sie entlanggehen würden. Dann »verwandelt« euch in Rehe, und bewegt euch wie sie durch den Wald. Erzähle deinem Kind auch, welche lauten Geräusche diese sanften Tiere machen können – wenn ihr möchtet, versucht, diese Laute nachzuahmen. Anschließend folgt das nächste Tier. Vielleicht ein freches Wildschwein, das umherschleicht und sich gut tarnen kann, aber auch gern mit dem Rüssel in der Erde wühlt und ganz wilde Geräusche macht.

Hand in Hand

Dies ist eine wunderschöne Übung, die die Bindung und das Vertrauen zwischen dir und deinem Kind stärkt.

Es geht darum, eine ausgewählte Wegstrecke gemeinsam zurückzulegen, wobei einmal du dein Kind ein Stück führst, während es die Augen schließt, und dann dein Kind dich ein Stück führt, während du die Augen schließt. Ihr wechselt euch immer wieder ab und erreicht auf diese Weise nach einiger Zeit euer Ziel.

Seht euch dafür vorab im Wald um, und wählt gemeinsam ein Ziel in einiger Entfernung aus, z. B. einen schönen, großen Baum. Den Weg dorthin könnt ihr in Etappen unterteilen und gedanklich »Meilensteine« setzen: Die erste Etappe reicht beispielsweise vom Startpunkt bis zu einer großen markanten Wurzel. Die nächste Etappe geht von dieser Wurzel bis zu einem Bäumchen usw.

Wenn der Weg beschlossen ist, beginnt ihr mit dem gegenseitigen Führen. Probiert zuerst aus, wie ihr euch dabei am sichersten fühlt. Möchtet ihr z. B. an die Hand genommen werden, oder sollten die Hände des*der Führenden auf euren Schultern oder Hüften liegen?

Dann kann es losgehen: Augen zu und achtsam Schritt für Schritt dem Ziel entgegen.

Nachdem ihr angekommen seid, tauscht euch aus, wie sich das Geführt-Werden und blinde Gehen auf dem Waldboden angefühlt hat. Vielleicht sucht ihr euch nächstes Mal eine noch längere oder herausfordernde Strecke aus.

Waldratebild

Ihr kennt bestimmt die Suchbilder aus der Zeitung. Ganz ähnlich funktioniert dieses Spiel: Gemeinsam legt ihr aus verschiedenen Naturmaterialien einen Rahmen und darin ein Bild. Dann prägt ihr euch das Bild ganz genau ein. Nun dreht sich dein Kind für einen Moment um und schließt die Augen. In der Zwischenzeit veränderst du das Bild ein wenig und nimmst z. B. zwei Elemente weg. Auf dein Zeichen darf dein Kind das Bild wieder ansehen und muss raten, was fehlt (oder verändert wurde). Denn wechselt ihr.

Blätterschiffchen

Wenn ihr das große Glück habt und euer Waldplatz am oder nahe einem Bächlein liegt, dann nutzt diese wunderbare Gelegenheit für diese kleine Übung!

Sammelt gemeinsam ein paar ganz unterschiedliche Blätter. Vielleicht ein großes Ahornblatt, ein lustig welliges Eichenblatt und ein kleines, elegantes Buchenblatt. Dann geht das Rennen los: Setzt die Blätter ins Wasser, und folgt gemeinsam ihrem Weg – natürlich nur, soweit es gefahrlos möglich ist.

Wenn du magst, besprich mit deinem Kind die unterschiedlichen Formen und Erkennungsmerkmale der Blätter, bevor ihr die Schiffchen gemeinsam zu Wasser lasst. Dann ratet, welches dieser Blätter wohl das schnellste Schiffchen sein wird und warum.

Tipp: Macht diese Übung einmal mit trockenen Blättern vom Waldboden und einmal mit frisch gepflückten grünen Blättern. Was verändert sich?

Feines Fühlen

Im Wald gibt es viele unterschiedliche Dinge zu befühlen. Überlege mit deinem Kind, wie sich etwas anfühlen kann (kalt, warm, trocken, feucht, kühl, spitz, rau …). Dann wählt vier oder mehr Kategorien aus, z. B.: rau, weich, feucht, hart. Für jede Kategorie wird ein Rahmen, jeweils bestehend aus vier Zweigen, gelegt. Anschließend macht euch auf die Suche nach Naturmaterialien für die entsprechenden vier Kategorien, und legt eure Fundstücke in den vorgesehenen Rahmen. Widmet euch gemeinsam nach und nach den einzelnen Kategorien, fühlt die Inhalte der Rahmen mit geschlossenen Augen, und sprecht währenddessen über eure Wahrnehmungen.

Blütenmandala und Blütenbutter

Material: Butter, Schale, Löffel, Messer, Weißbrot

Achtung! Diese Übung setzt unbedingt voraus, dass dir einige essbare Wald- und Wiesenblumen absolut vertraut sind!

Wähle ein Waldstück, das vielleicht an eine Wiese oder einen Bach angrenzt. Macht euch gemeinsam auf den Weg, und sammelt Blüten in verschiedenen Farben von Pflanzen, die dir vertraut sind. Zeige und erläutere deinem Kind die Pflanzen direkt vor Ort. Seid beim Sammeln äußerst achtsam: Reißt niemals die ganze Pflanze aus! Zupft immer nur sanft ein paar Blüten ab. Nach dem Sammeln könnt ihr die Blüten – z. B. auf einem dunklen Tuch – nach Farben sortieren und erst einmal bestaunen. Vielleicht lasst ihr sogar ein farbenfrohes Mandala entstehen.

Nach dem Händewaschen können die essbaren Blüten unter die Butter gemischt und abschließend mit Weißbrot (da geschmacksneutral) verkostet werden.

Das große Waldschnuppern

Entdeckt verschiedene Schnupperquellen an eurem Waldplatz. Es dürfen ruhig intensive Gerüche sein wie die von Knoblauchsrauke (Blätter zerreiben), Alpenveilchen, Lindenblüten, ungiftigen Pilzen (Oberfläche reiben), morschem oder frisch geschnittenem Holz, Holunderblüten, Harz (Vorsicht: klebrig), frischer dunkler Walderde etc. Sammelt ein paar dieser Naturmaterialien, und legt sie vor euch hin. Nun schließt dein Kind, wenn es möchte, die Augen, und du hältst ihm eine Duftquelle an die Nase. Dein Kind darf beschreiben, was es riecht, und natürlich raten, was das sein könnte. Dann tauscht die Rollen. Alternativ könnt ihr euch auch einfach auf eine Schnuppertour begeben und den Wald mit euren Nasen erkunden!

Barfußweg

Genau wie unsere Hände können auch unsere Füße fühlen und ertasten. Nur leider kommen sie im Alltag in der Regel recht selten ohne Schuhe oder Socken zum Einsatz. Aber heute dürfen einmal die Füße ran! Baut zuerst gemeinsam einen Barfußweg. Sucht dazu vorab einen geeigneten Abschnitt an eurem Waldplatz. Tipp: Wenn es in der Nähe eine Wiese gibt, kannst du auch mit unterschiedlichen Temperaturen arbeiten: Breitwegerich z.B. kühlt die Füße, während trockenes Heu oder getrocknete Distelblütenbüschel wärmen. Idealerweise sind an dem ausgewählten Platz schon ein paar Elemente vorhanden, z.B. ein Moosbett, ein Baumstamm oder Wurzeln, über die ihr gehen und klettern könnt. Dann legt ihr mit Stöckchen eine 2–5 Meter lange Bahn. Befüllt gemeinsam diese Bahn mit unterschiedlichen – begehbaren – Naturmaterialien. Dann heißt's raus aus den Schuhen und rauf auf die Bahn, aber: im Schneckentempo! Damit ihr wirklich gut ins Wahrnehmen kommt.

Du kannst deinem Kind auch anbieten, den Weg mit geschlossenen Augen oder einer Augenbinde zu gehen und dabei von dir geführt zu werden.

Wir entdecken die Erde

Material bei Bedarf: Glasgefäße, Wasser, Lupen, Papier, kleine Schaufel, Sieb

Bei dieser Übung geht es darum, den Waldboden zu entdecken und die Erde wahrzunehmen und zu spüren. Besonders interessant ist sie an einem Waldplatz, der verschiedene Erdtypen, z.B. Humus, Sand oder Lehm, aufweist. Erzähle deinem Kind, wie der Waldboden aufgebaut ist. Vielleicht zeigst du ihm auch Bilder von den verschiedenen Erdschichten. Lasse dein Kind mit der Schaufel etwas Erde aufnehmen, und erkläre ihm, dass sich unglaublich viele Lebewesen darin befinden, zähle ein paar von ihnen auf (Pilze, Bakterien, Regenwürmer, Insekten …). Vielleicht könnt ihr einige davon sogar in der Erde entdecken und über die Hände krabbeln lassen. Dann schaut euch gemeinsam die verschiedenen Erdtypen am Waldplatz an, und befühlt sie.

Wenn du diese Übung noch vertiefen möchtest, könnt ihr auch pro Erdtyp zwei Gefäße, eines mit Wasser und eines ohne, verwenden und Erdproben darin aufteilen, verrühren und beobachten, was passiert. Die trockenen Proben könnt ihr mit einer Lupe genauer untersuchen und mit den verschiedenen nassen

Erden mit euren Fingern auf Papier malen! Alternativ könnt ihr ein Sieb mitnehmen und die verschiedenen Erdtypen sieben und begreifen. Wie fühlt sich die Erde jetzt an?

Diese Übung eignet sich dazu, eventuell vorhandene Angst und Ekel vor der Erde und ihren Kleinstlebewesen loszuwerden. Wenn du möchtest, kannst du im Anschluss eine kleine Meditation anhängen, bei der dein Kind versucht, sich mit der Erde ganz tief zu verbinden.

Der Wald im Regen

Waldbaden im Regen ist immer ein besonderes Erlebnis. Der Wald verändert sich: Farben und Gerüche werden intensiver, andere Geräusche sind zu hören, Feuchtigkeit und Regen auf der Haut zu fühlen. Es gibt so vieles zu entdecken. Deshalb findest du hier einige Inspirationen, was ihr an eurem Regentag unternehmen könnt:

- Sucht euch ein schönes Plätzchen, schließt die Augen, und versucht, nur den Regengeräuschen des Waldes zu lauschen. Was gibt es alles zu hören?
- Verfolgt ein kleines Rinnsal im Wald, das sich durch den Regen gebildet hat, solange es möglich ist.
- Fangt den Regen, der in Rinnsalen die Baumstämme hinunterläuft, mit kleinen Gefäßen auf.
- Macht euch auf die Suche nach Feuersalamandern und Weinbergschnecken. Sie lieben warmen Regen.
- Schneckenrennen: Findet zwei gleich große Schnecken, setzt sie nebeneinander, und legt ein Ziel fest. Welche Schnecke erreicht es zuerst?

- Wenn es nicht zu kalt ist: Stapft barfuß durch den Matsch!
- Auf die Matschrutsche, fertig, los! Es ist ein Riesenspaß, auf lehmigen Abhängen hinunterzurutschen, auch für Erwachsene. Also traut euch! Keine Frage, natürlich kommt ihr dann dreckig nach Hause – aber der Spaß ist es wert, versprochen. Und vielleicht gibt es eine Wiese in der Nähe, auf der ihr euch »sauber rollen« könnt!

Blätterdrachen

Der Herbst treibt es bunt: Der Wind rauscht durch den Wald, Blätter in allen Farben segeln zu Boden. Das ist die liebste Jahreszeit der wilden Walddrachen! Sammelt bunte Blätter, und legt aus ihnen einen lustigen Blätterdrachen. Vielleicht hat er einen langen Schwanz, Blätterflügel oder sogar große Kulleraugen aus Kastanien oder Eicheln. Bestaunt am Ende euer Kunstwerk. Vielleicht möchtet ihr dem Drachen auch einen Namen geben.

Wichteldorf

Ein Klassiker für jede Jahreszeit!

Vielleicht habt ihr ja Lust, ein Wichteldorf zu bauen. Zuerst einmal nur ein Häuschen, später dann noch eines und noch eines … Möglicherweise gesellen sich bald ein Wichtelkindergarten, ein Krankenhaus, eine Bäckerei, eine Schule etc. dazu, und das Dorf wächst bei jedem eurer Waldbesuche. Hier könnt ihr mit allen Naturmaterialien werkeln und bauen, Rollenspiele genießen und ganz eintauchen. Im Dorfgeschehen kann auch der Jahreskreis gut nachgespielt werden, Feste wie Weihnachten und Ostern oder Alltägliches, was dein Kind vielleicht beschäftigt. Zu Hause könnt ihr wunderbar weiterbasteln, erschafft z.B. kleine Wichtel aus Zapfen und Filz, die in euer Dorf einziehen dürfen. Hier gibt es auf alle Fälle immer etwas zu tun!

Eichhörnchen im Wald

Material: ein paar Nüsse (besonders gut eignen sich wegen ihrer Schale Erd- oder Walnüsse, wenn dein Kind diese verträgt)

Für diese Übung braucht es ein wenig Wissen über Eichhörnchen. Informiere dich vorab, falls dir diese kleinen Waldbewohner nicht vertraut sind.

Zu Beginn der Übung überlege dir einen Zauberspruch, mit dem du dein Kind spielerisch in ein Eichhörnchen verwandelst. Erzähle ihm, dass die Eichhörnchen im Herbst Nüsse, Samen und Pilze sammeln und sich kleine Vorratsverstecke anlegen. Ist dein Kind im Schulalter, berichte ruhig ausführlicher über das Leben der kleinen Waldbewohner. Bilder machen für dein Kind noch greifbarer, worüber du sprichst.

Gib deinem Kind ein paar Nüsse und den Auftrag, diese im Wald zu verstecken, sich die Verstecke gut zu merken und danach wieder zurückzukommen. Erzähle dann, wie der Herbst langsam zu Ende geht und der Winter kommt. Wie es kalt wird im Wald und die Eichhörnchen sich ganz eng in ihren Kugelnestern (Kobel) zusammenkuscheln und Winterruhe halten. Erzähle auch, was währenddessen im Wald und bei den Menschen (Weihnachten, Silvester) geschieht. Dann wecke das kleine Eichhörnchen auf, und lasse es eine Nuss holen und diese essen. Wenn dein Kind seine Nuss nicht mehr findet, gib ihm einfach eine neue. Erkläre ihm, dass auch in der Natur viele Nüsse nicht mehr gefunden werden und dies so zur Verbreitung von Samen und der sogenannten Naturverjüngung beiträgt, durch die irgendwann ein neuer Wald entsteht. Dann lasse das kleine Eichhörnchen wieder »schlafen gehen«, und erzähle weiter. Am Ende des Winters kann es die zweite Nuss holen und essen. Zum Schluss verwandle das Eichhörnchen wieder zurück in dein Kind, und lasse es erzählen, wie es das Leben als Eichhörnchen wahrgenommen hat.

Baumklang

So ein Baum kann ganz schön mächtig sein. Und wie herrlich ist es doch, sich an seinen Stamm zu lehnen! Wisst ihr, was ihr noch tun könnt? Den Baum zum Klingen bringen. Lasse dein Kind ein Ohr an den Baumstamm halten, während du mit verschiedenen Dingen Geräusche am Baumstamm erzeugst. Ein Klopfen mit einem Stück Holz oder vergleichsweise mit einem Stein, ein Raspeln, ein Scharren, mal leise, mal lauter. Der Stamm leitet alle Klänge, aber seid vorsichtig, und achtet darauf, die Rinde mit dem Stein nicht zu verletzen! Wechselt euch beim Hören immer wieder ab.

Tipp: Entdeckt ihr irgendwo einen umgestürzten, hohlen Baum? Einen solchen kann man wunderbar als Waldtelefon verwenden: Du kniest an einem Ende, dein Kind am anderen, und dann wird ins »Rohr« geflüstert, gesungen und gelacht!

Bunter Winter

Auf den ersten Blick kann der Wald im Winter ganz schön farblos wirken. Gerade dann, wenn ihr nicht in einem alpinen Nadelwald mit grünem Moosboden unterwegs seid. Aber: Auch im Winterwald lassen sich viele Farben und Farbschattierungen entdecken. Begib dich mit deinem Kind auf Farbensuche. Eure Aufgabe ist es, kleine, möglichst bunte Naturmaterialien zu sammeln. Ein gelbes Blatt, ein bemoostes Stöckchen, etwas von einer Flechte, ein kurzer Nadelzweig, eine Hagebutte etc. Natürlich dürfen auch Samen, Rinden und Steinchen dabei sein, denn auch Grau und Braun gibt es in vielen Schattierungen. Das Ganze macht ihr bewusst still und leise, damit die Tiere in ihrer Winterruhe durch euch nicht gestört werden. Dann kehrt ihr mit euren Schätzen zurück, legt sie z. B. auf einen Baumstumpf und bestaunt sie. Vielleicht mögt ihr daraus auch ein Mandala kreieren!

Winterzauber im Detail

Material bei Bedarf: Lupe

Einerseits kann der Wald im Winter relativ reizarm sein, was seinen eigenen Charme hat und eine angenehme Ruhe erzeugen kann. Andererseits ist, sobald es schneit, die Aufregung meist groß. Da braucht dein Kind in der Regel viel freies Spiel – vielleicht sogar die ganze Waldzeit lang. Wenn das so ist, kein Problem. Falls ihr beide aber Lust auf eine Übung habt, könnt ihr euch auf eine Entdeckungsreise in den märchenhaften Winterwald begeben. Im Vordergrund stehen dabei das gemeinsame Entdecken und Staunen. Der Winter ist ins Land gezogen und hat seine Spuren hinterlassen: Wo findet ihr sie überall im Wald? Was ist anders als sonst? Wer entdeckt die ersten Tierspuren, und von welchem Tier stammen sie? Kann man fallende Schneeflocken hören? Und wie sehen sie eigentlich genau aus? Was knistert da unter euren Schuhen? Sind Bäche und Tümpel schon zugefroren? Könnt ihr vorsichtig kleine Eisplatten aus den gefrorenen Oberflächen abbrechen? Wie dick ist das Eis schon, und kann man vielleicht wie durch eine Brille hindurchsehen?

Schneeigel bauen

Im Winter müssen es nicht immer Schneemänner sein – heute werden Schneeigel gebaut! Die Form ist einfach: eine etwas flachgedrückte Schneekugel, die an einer Seite spitz zuläuft. Nun kommen die Stacheln: Je nach Größe können diese aus Ästen, Zweigen oder sogar Nadeln bestehen. Dann fehlen noch Schnauze und Augen – fertig ist der Schneeigel! Vielleicht baut ihr gemeinsam einen riesigen Igel oder viele kleine, ganz nach Lust, Laune und Schneelage. Bei der Gelegenheit kannst du mit deinem Kind über die Lebensweise vom Igel sprechen und darüber, was Igel eigentlich im Winter machen.

Gehen lassen

Material bei Bedarf: Papier und Stift, etwas, was losgelassen werden darf

Wir alle kennen es: Es gibt so manche Gewohnheit, die wir gern »gehen lassen« möchten. Den heißgeliebten Schnuller bei kleineren Kindern, so manche Süßigkeit bei den Großen etc. Manchmal ist es auch ein schlechter Traum oder etwas ganz anderes. Nicht nur Erwachsenen, sondern ganz besonders auch Kindern können kleine Rituale hier eine große Hilfe sein.

Erkläre deinem Kind, besonders, wenn es schon älter ist, den Kreislauf der Natur. Das stete Kommen und Gehen, Erblühen und Vergehen. Bringe ihm den wunderbaren Erdboden nahe, der nur deswegen so nährstoffreich und fruchtbar ist, weil zuvor Bäume, Pflanzen und Tiere etwas abgegeben haben, das nun langsam vergeht, verrottet, sich mit anderen Stoffen verbindet und so eine wertvolle Erde schafft, in der Neues wachsen kann.

Wenn es nun ein bestimmtes Thema gibt, das dein Kind oder ihr gehen lassen möchtet, dann findet ein Symbol dafür. Vielleicht einen Schnuller, eine Zeichnung auf einem kleinen Stück Naturpapier oder, wenn dein Kind älter ist, kann auch einfach ein Naturmaterial stellvertretend für diese Sache stehen oder etwas aufgeschrieben werden.

Dann grabt mit den Händen ein kleines Loch, vielleicht legt ihr einen schönen Kreis aus Blättern und Zapfen drumherum. Nehmt – gemeinsam oder dein Kind allein – das Symbol in die Hand. Denkt noch einmal ganz bewusst an diese eine Sache, und übergebt das Symbol dann, wenn es sich gut anfühlt, der Erde. Vielleicht gibt es einen Satz, den ihr in diesem Zusammenhang aussprechen möchtet. Z. B.: »Lieber Schnuller, ich bin jetzt bereit dazu, dich gehen zu lassen. Ich brauche dich nicht mehr. Tschüss und auf Nimmerwiedersehen!« (Es darf ruhig auch lustig sein.) Der Schnuller kommt ins Loch, und ihr schüttet Erde darüber. Ihr könnt gern auf der Erde ein farbenfrohes Mandala legen. Am besten begeht ihr das Ritual ganz feierlich mit einem leckeren Getränk oder einem kleinen Snack!

Anmerkung: Idealerweise wählt ihr ein Naturmaterial als stellvertretendes Symbol. Alles, was ihr eingegraben habt und was nicht verrotten kann, solltest du unbedingt so bald wie möglich, ohne dass dein Kind dabei ist, wieder ausgraben und entsprechend entsorgen. Das klingt zwar aufwendig, aber da diese Rituale oft eine große Wirkung haben, darf es dir die Mühe wert sein!

Der Sonne auf der Spur

Die Sonne ist ein ganz besonderes Gestirn mit hoher Bedeutung für uns Menschen. Deshalb findest du hier einige Inspirationen, wie du deinem Kind das Thema »Sonne« näherbringen kannst:

- Jedes Mal, wenn du mit deinem Kind in den Wald gehst und ihr bei eurem Waldplatz ankommt, bestimme mit ihm zusammen die Himmelsrichtungen, und legt in jede z. B. den Anfangsbuchstaben aus Ästchen oder Zapfen.
- Es gibt tolle Merksprüche dazu, wo die Sonne auf- und untergeht, die ihr rezitieren, sowie Lieder über die Sonne, die ihr singen könnt.
- Bastelt daheim eine Sonne, die ihr auf den Waldboden legen könnt, Symbole für die vier Jahreszeiten z. B. in vier verschiedenen Farben, die ihr später um die Sonne legt, und schließlich Symbole für die vier Sonnenfeste im Jahr: die beiden Tag-und-Nacht-Gleichen sowie die Sommer- und die Wintersonnenwende. Gerade an diesen vier besonderen Tagen solltest du mit deinem Kind in den Wald gehen und ein kleines Ritual für die liebe Sonne durchführen.
- Legt mit gelben und orangen Tüchern eine Sonne auf den Waldboden.

- Sucht euch einen sonnigen Platz im Wald aus, und macht eine Sonnenmeditation, indem ihr einfach mit geschlossenen Augen euer Gesicht in die Sonne streckt und ihre Energie in euch aufnehmt.
- Drucke Bilder von der Sonne aus, trage Informationen über sie zusammen, und nimm diese mit in den Wald. Lasst euch von diesem außergewöhnlichen Stern faszinieren!

Tipp: Vielleicht besitzt du ein Foliergerät, dann sind eure Basteleien und Kopien länger haltbar und vor Nässe bzw. Knicken geschützt.

RUHE – Fantasiereisen, Körper- und Atemübungen, stille Meditationen

Bevor es mit den Übungen aus dem Bereich »Ruhe« losgeht, hier noch ein paar Tipps:

Mache Pausen, und sei kreativ!

- Achte darauf, während der Meditationen und Fantasiereisen immer wieder Pausen zu machen, sodass dein Kind die Bilder verarbeiten und seine Imaginationen wirklich genießen kann.
- Begleite dein Kind während der Fantasiereisen und Meditationen, indem du diese nicht nur vorliest, sondern dabei mitmachst. In eckigen Klammern findest du Hinweise, mit denen du die Reise noch anschaulicher gestalten kannst.
- Fühle dich frei, die Fantasiereisen jederzeit auszuschmücken und noch mehr ins Detail zu gehen.
- Wenn du möchtest, nutze eine Klangschale, um deinem Kind den Anfang und das Ende einer Meditation zu signalisieren. Erkläre ihm vor einer

Reise, dass du gleich die Klangschale anschlagen wirst, und sobald der Klang verklungen ist, kann es seine Augen schließen und mit der Meditation oder Fantasiereise beginnen.

Einstimmungsübungen

Für die Atemübungen und stillen Meditationen empfiehlt sich stets eine kleine Einstimmung. Im Folgenden haben wir **drei mögliche Wege** für dich vorbereitet. Entscheide vor jeder Übung, welche Einstimmung passend wäre und du nutzen möchtest.

Zwischenübung: Windkraft

Den ganzen Tag atmen wir – und das auf ganz unterschiedliche Art: mal tief, mal flach, mal stark, mal sanft.

Holt euch je ein Blatt, und haltet es mit den Fingern am Stiel fest – in 10–15 cm Abstand zur Nase. Danach leitest du dein Kind zu drei Atemzügen an: einem ganz sanften, einem stärkeren und einem – tief Luft holen – richtig starken!

Beobachtet gemeinsam, was die jeweiligen Atemzüge mit den Blättern machen. Welcher bewegt das Blatt

kaum, welcher lässt es leicht zittern, welcher bringt das Blatt dazu, sich zu verbiegen?
Das Gleiche könnt ihr anschließend wiederholen, nur diesmal legt das Blatt auf die Handfläche. Was geschieht nun? Wie stark müsst ihr pusten, damit das Blatt von der Hand segelt?

Leite danach zu einer Atemübung oder stillen Meditation über!

Zwischenübung: Penelopes zauberhafte Waldluft

Ihr macht es euch am Waldboden im Sitzen oder Liegen gemütlich. Gern darf dein Kind seine Augen schließen, wenn es möchte. Nun lasse es der folgenden Geschichte lauschen:

»Die kleine Waldfee Penelope bemerkte, dass die Menschen immer wieder krank wurden und oft komische Geräusche machten. Fast bellten sie so, wie es Penelope nur von den Füchsen oder Rehen im Wald kannte. Ihr taten die Menschen leid, und sie wollte ihnen helfen. Sie grübelte 30 Tage und 30 Nächte und las ununterbrochen in ihrem Zauberbuch. Dann endlich hatte sie die Lösung. Sie fand einen passenden Zauberspruch. Der war zwar sehr schwer, aber sie übte fleißig, und schon bald war es so weit: Sie zauberte einen ganz besonderen Duft in den Wald hinein. Die Menschen liebten ihn. Sie spürten, wie heilsam er war, und wussten, dass sie ihn am besten tief einatmen.«

Nun leite dein Kind zu ruhigen, tiefen Atemzügen an:

»Und genauso wollen wir das jetzt tun. Atme ganz sanft tief ein und langsam wieder aus … tief ein … und langsam wieder aus. Wenn du dabei deine Hände auf den Bauch legst, kannst du spüren, wie sich dein Bauch mit jedem tiefen Atemzug hebt und senkt. Hebt … und wieder senkt. Mache ruhig weiter: sanft tief einatmen … und langsam wieder ausatmen. Mit jedem Atemzug nimmst du Penelopes zauberhafte Waldluft in dich auf, die deinem Körper helfen kann, Kraft zu tanken. Atme ruhig ein … und aus …«

Leite danach zu einer Atemübung oder stillen Meditation über!

Vorbereitende Körperübungen

Als Einstimmung für alle Arten von Meditationen eignen sich Körperübungen besonders gut. Ist dein Kind im Kindergartenalter, achte darauf, eher weniger Übungen am Stück zu machen. Mit Schulkindern ist mehr möglich. Ihr könnt z. B. auf der Stelle laufen, euch strecken, die Wirbelsäule nacheinander in alle Richtungen bewegen (nach vorn dehnen, nach hinten dehnen, seitlich dehnen und kreisen) und euch schließlich gemütlich hinsetzen. Auch im Sitzen heißt es dann nochmals: strecken und die Wirbelsäule durchbewegen. Schüttelt auch die Arme aus, und legt sie bequem auf den Oberschenkeln ab. Bewegt den Kopf sanft hin und her sowie auf und ab.

Erkläre deinem Kind, dass eine gerade Haltung für ein optimales Arbeiten der Organe und der Wirbelsäule sowie für eine gute Atmung wichtig ist. Ziel ist, dass die Sitzbeinhöcker gut am Boden aufliegen und sich Kopf und Steißbein möglichst weit voneinander entfernen, sodass die Wirbelsäule gerade und ganz lang ist. Dann kann der Körper seine Strukturen fast wie von selbst tragen. Mache deinem Kind am besten vor, wie es richtig geht.

Dann nehmt gemeinsam einige bewusste Atemzüge: Startet mit der Bauchatmung, geht weiter zur Flankenatmung und zum Schluss zur Brustatmung.

Bei der **Bauchatmung** wölbt sich die Bauchdecke während der Einatmung nach vorn, mit der Ausatmung geht sie zurück. Hier geht es um Masse, es ist eine große Bewegung.

Bei der **Flankenatmung** weitet sich der Brustkorb während der Einatmung zur Seite hin spürbar, mit der Ausatmung wird er wieder schmaler. Hier ist oft viel mehr möglich, als gedacht!

Die **Brustatmung** ist wenig substanziell und sollte nur leicht und ohne Druck erfolgen. Bei der Einatmung wird der Bereich der Lunge nach oben weit und leicht, bei der Ausatmung senkt er sich wieder leicht nach unten.

Dann verbindet die drei Bereiche, sodass ihr angenehme, tiefe Atemzüge macht. Erkläre deinem Kind, dass man sich zwar bei einer Meditation so wenig wie möglich bewegt, aber ein sanftes Schwingen der Wirbelsäule in Harmonie mit der Atmung sein darf und sogar sein soll. Ihr könnt es gleich gemeinsam ausprobieren.

Fantasiereise mit Bewegung: Der Baum im Jahreskreis

Falls es warm genug ist, kann diese Übung auch barfuß durchgeführt werden!

Sucht euch ein schönes Plätzchen im Wald, und dann leite dein Kind an:

»Stelle dich gut und sicher auf den Waldboden. Lege deine Hände auf deinen Bauch, und schließe, wenn du magst, deine Augen. Atme dreimal tief und ruhig in den Bauch ein … und aus …, ein … und aus …, ein … und aus. Spüre, wie sich dein Bauch hebt und senkt. Lasse deine Arme wieder locker, und öffne deine Augen.

Nun stelle dir vor, wie Wurzeln aus deinen Füßen wachsen. Diese Wurzeln graben sich tiefer und immer tiefer in den Waldboden. [Falls ihr barfuß seid, dann dürfen sich eure Zehen in die Erde graben.] Sie verbinden dich ganz fest mit der Erde, sodass du sicher stehen kannst. Und nun stelle dir vor, wie dein Körper zum Stamm wird. Groß und aufrecht, richtig stark. Spüre, wie es sich anfühlt, wenn dein Körper wie ein Baumstamm ist. Und nun strecke deine Fäuste in die Luft, sie sind deine Äste, stark und biegsam. Stelle dir vor, wie dir Blätter wachsen, dazu spreizt du deine Finger. So einen schönen Baum sehe ich!

Es ist Frühling. Jetzt möchten alle Bäume wachsen, und auch du streckst dich nach oben, öffnest deine Arme ganz weit und gräbst deine Wurzeln noch tiefer in die Erde.

Es wird Sommer, und die warme Sonne scheint auf dich. Du reckst ihr deine Blätter und Äste entgegen und schenkst ihr ein Lächeln. Wie schön sich das doch anfühlt!

Aber was ist das? Ein Sturm zieht auf. Du wankst hin und her. Der Sturm wird immer stärker, aber du bist noch stärker. [Ihr bewegt euch im Wind]. Da, der Regen kommt und prasselt auf deine Blätter [mit den Fingerspitzen spielen]. Der tut gut, endlich wieder frisches Wasser!

Der Herbst darf kommen. Alles ist warm und bunt, und du streckst dich noch einmal der Sonne entgegen. Denn schon bald fallen die Blätter [Hände schütteln].

Langsam geht der Herbst in den Winter über, und die Kräfte des Baumes ziehen sich in Stamm und Wurzeln zurück. Lege deine Hände wieder auf den Bauch, und schließe deine Augen, wenn du möchtest. Im Winter wird es stiller und stiller. Man sagt, die Natur träumt im Winter.

Atme ganz ruhig, und nimm drei ganz bewusste Atemzüge. Jetzt bist du wieder mein*e … [Name deines Kindes].«

Fantasiereise mit Bewegung: Der Zitronenfalter

Material: 2 kleine gelbe Tücher

Einer der ersten Frühlingsboten ist der Zitronenfalter. Er überwintert mit einem körpereigenen »Frostschutzmittel« an Zweigen, in Baumspalten oder an der Unterseite eines Brombeerblattes. Wenn du magst, suche Bilder zu diesem Schmetterling, die du deinem Kind im Wald zeigen kannst. Vielleicht liest du dich auch ein bisschen ein, damit du über das Leben des Zitronenfalters Bescheid weißt. Im Wald suchst du für euch ein sonniges Plätzchen und gibst deinem Kind die zwei kleinen gelben Tücher. Sie sind seine Schmetterlingsflügel. Zu Beginn kann sich dein Kind mit den Tüchern zudecken oder sie sich auf den Schoß legen. Dann kann es die Augen schließen, wenn es mag.

Wenn du eine Klangschale hast, schlage sie sanft an mit den Worten: »Die Klangschale erklingt, und die Geschichte beginnt …

Stelle dir vor, du bist ein Zitronenfalter und es ist Winter. Bitterkalt ist die Welt, und du klebst winterstarr an einem Zweig im Wald. Du schläfst einen langen, tiefen

Schlaf und träumst von der Sonne und den herrlichen Blumen.

[Pause]

Plötzlich kitzelt dich ein Sonnenstrahl, und du öffnest langsam deine Augen. Du spürst, wie die Wärme deinen Körper und deine Flügel durchdringt. Sachte bewegst du deine Beine und langsam, ganz langsam auch deine Flügel. Jetzt darfst du deine Tücher nehmen und aufstehen. Bewege dich ganz langsam, denn du bist von der Kälte noch ganz steif. Vorsichtig machst du deine ersten Flügelschläge. Ja, es ist warm genug, du kannst fliegen. Freudig flatterst du durch den Wald und trinkst von den Blüten der ersten Frühlingsblumen. Nachdem dein Durst gelöscht ist, erhebst du dich wieder in die Lüfte und siehst die anderen Zitronenfalter. Du tanzt eine Weile vorsichtig mit ihnen. Dann spürst du, dass du sehr müde bist, und kehrst zu deinem Zweig zurück. Langsam und sachte setzt du dich hin und legst deine Flügel zur Ruhe an. Du darfst deine Tücher auf deinen Schoß legen. Jetzt bist du wieder in Sicherheit, und müde schließt du deine Augen.

Du lässt deinen ersten Frühlingsausflug noch einmal in deinen Träumen erscheinen und erinnerst dich an deine Erlebnisse als Zitronenfalter.«

Schenke deinem Kind noch ein paar Momente Ruhe, und schlage erst dann die Klangschale sanft als Zeichen, dass die Geschichte zu Ende ist. Alternativ endest du mit den Worten:

»Du atmest ganz ruhig und nimmst drei ganz bewusste Atemzüge … Du kannst dich wieder gemütlich strecken und langsam deine Augen öffnen. Die Fantasiereise ist zu Ende.«

Fantasiereise: Träumen im Moosbett

Wenn es an eurem Waldplatz oder in direkter Umgebung ein schönes »Moosbett« gibt, dann macht es euch dort für einige Zeit richtig gemütlich. Die Stelle sollte groß genug sein, dass ihr euch tatsächlich hinlegen könnt. Nachdem dein Kind ein Plätzchen für sich gefunden hat, nimmst du es mit auf eine Gedankenreise …

»Wenn du es dir richtig gemütlich gemacht hast, dann schaue einmal nach oben in die Baumkronen, in den Himmel. Welche Farbe hat der Himmel heute? Und wie sehen die Bäume für dich aus? Sind ihre Äste stark und biegsam? Welche Farben haben ihrer Blätter/Nadeln?

Wenn du magst, schließe nun deine Augen. Dann nimm drei sanfte, tiefe Atemzüge – ein … und aus …, ein … und aus …, ein … und aus.

Und nun stelle dir vor, du bist eine kleine, weiche Feder, die auf dem Waldboden liegt. Plötzlich kommt ein sanfter Wind und hebt dich hoch. Er trägt dich ein Stückchen und setzt dich direkt vor einem Mauseloch ab. ›Was ist denn hier los?‹, denkt sich die Maus und bestaunt dich mit ihren lieben, dunklen Knopfaugen von allen Seiten. Sie beschnuppert dich, und dann schlüpft sie wieder zurück in ihr Mauseloch. Schon kommt wieder der sanfte Wind und trägt dich weiter. Er setzt dich auf der Wasseroberfläche eines Baches ab, und munter schwimmst du ein Stückchen mit ihm wie ein kleines Boot – das macht richtig Spaß! Das Wasser trägt dich zu einem Ast, auf dem du dich ausruhst. Zum Glück sind da wärmende Sonnenstrahlen, die dich schnell wieder trocknen, denn eine Feder muss trocken sein, um zu fliegen. Und tatsächlich, wieder kommt ein Windstoß, er trägt dich höher und immer höher hinauf und setzt dich auf dem dicken Ast eines Baumes ab.

Nun staunst du, wie die Welt von oben aussieht. Unten am Waldboden ist alles viel kleiner als sonst. Da siehst du einen Fuchs, der über den Waldplatz spaziert. Und schon kommt wieder ein Windstoß, er trägt dich weiter und immer weiter, höher und immer höher hinauf bis über die Baumkronen. Lustig ist es, so leicht zu sein und durch die Luft zu segeln. Du siehst den Wald von oben und in der Ferne ein paar Wiesen, vielleicht auch Häuser und einen Kirchturm. Der Wind trägt dich sanft dahin, vorbei an Wolken, gewärmt vom Sonnenschein. Du genießt deinen Flug und segelst nach Herzenslust durch die Luft. Da kommt plötzlich ein kleiner Vogel geflogen, der dich sanft mit dem Schnabel aufnimmt. Gemeinsam mit ihm gleitest du durch die Luft – hui, das macht Spaß!

Der kleine Vogel bringt dich zu seinem Nest und setzt dich dort vorsichtig ab. Hier machst du es dir noch einmal ganz kuschelig gemütlich …

Du hörst den kleinen Vogel singen und das Blätterrauschen. Und langsam, ganz langsam ist es wieder Zeit, aus der Fantasiereise zurückzukommen. Du atmest tief ein … und aus …, ein … und aus …, ein … und aus. Du streckst dich in alle Richtungen. Und wenn du bereit bist, dann öffnest du deine Augen.«

Im Anschluss an die Fantasiereise lasse dein Kind seine Erlebnisse schildern.

Fantasiereise: Baumriesen

Ihr liegt im »Moosbett« oder an einem anderen schönen Platz auf dem Waldboden, und du leitest dein Kind mit den folgenden Worten an:

»Du hast es dir auf deinem Platz gemütlich gemacht … achte darauf, dass du richtig bequem liegst. Wenn du magst, kannst du dich herrlich in alle Richtungen ausstrecken. Dann schaue einmal nach oben. Da siehst du den Himmel … [Beschreibe, was zu sehen ist, z. B. Sonne, Wolken] und natürlich auch die Baumkronen. Ist es nicht erstaunlich, wie riesig Bäume eigentlich sind?

[Pause]

Manche sind so hoch wie ein ganzes Haus oder auch wie ein Dinosaurier. Diese Baumriesen sind für uns da. Jeden Tag. Sie schenken uns die wertvolle Luft, die wir zum Atmen brauchen. Sie schenken uns Schatten an heißen Tagen und manchmal auch ein bisschen Schutz vor Regen. Aber weißt du eigentlich, dass diese Baumriesen ganz schön schüchtern sein können, so wie wir? Wenn du genau hinsiehst, wirst du merken, dass viele Bäume immer ein klein wenig Abstand zueinander halten. Das nennt man auch die ›Baumkronenschüchternheit‹. Sie ist vermutlich dazu da, dass sich die

Bäume bei starkem Wind nicht gegenseitig schubsen, vielleicht auch, damit sie einander nicht zu viel Sonnenlicht wegnehmen. Es scheint gerade so, als würden die Bäume aufeinander achtgeben – genauso, wie wir es tun. Und diese Bäume sind auch das Zuhause von vielen Tieren und Insekten. Oft Hunderte und Tausende. Viele sieht man gar nicht. Und manche schon, z.B. Vögel oder Eichhörnchen. Kannst du dir vorstellen, wie es ist, am Stamm hochzuklettern bis ganz oben? Wie es ist, in den Ästen dieser Baumriesen umherzuhüpfen und zu turnen? Auf ihnen zu balancieren? Wie es ist, dort oben zu essen oder gar Freunde zu treffen?

Und wie es ist, dort oben genüsslich zu ruhen und zu schlafen, wenn du müde bist? Stelle dir vor, dass du es dir in einem herrlich weichen Nest (oder Kobel) dort oben in den Baumkronen gemütlich machst. Wie sieht dein Nest aus, was macht es weich und angenehm für dich? Kuschle dich richtig ein, und komme zur Ruhe. Der Baum bewegt sich ganz sacht hin und her … hin und her. Du hörst das Blätterrauschen und deinen Atem. Du atmest tief ein … und aus …, ein … und aus …, ein … und aus.«

Je nachdem, wie ruhig dein Kind ist, lässt du es noch etwas in der Ruhe verweilen oder holst es gleich aus der Meditation zurück. Mit der Klangschale oder den Worten:

»Du atmest ganz ruhig und nimmst drei ganz bewusste Atemzüge ... Du kannst dich wieder gemütlich strecken und langsam deine Augen öffnen. Die Fantasiereise ist zu Ende.«

Fantasiereise: Dein Kraftbaum

Ihr liegt im »Moosbett« oder an einem schönen Platz auf dem Waldboden, und du leitest dein Kind mit den folgenden Worten an:

»Mache es dir auf deinem Platz gemütlich. Wenn du magst, schließe deine Augen. Atme ganz bewusst und ruhig ein und aus, atme tief in deinen Bauch hinein, und spüre, wie dein Körper immer mehr in den Untergrund einsinkt und gleichzeitig ganz leicht wird. Mit jedem Atemzug fühlt sich dein Körper angenehmer und wohlig gemütlich an.

Stelle dir nun vor, wie du durch den Wald gehst. Vielleicht ist es ein Wald, den du gut kennst, oder einfach ein wunderbarer Fantasiewald. Du spazierst so dahin, bis du plötzlich einen ganz besonderen Baum entdeckst – deinen Kraftbaum. Schaue ihn dir erst einmal ganz genau an: Wie sieht er aus? Ist er riesig groß oder vielleicht klein? Wie sehen seine Wurzeln aus? Sind sie dick und verzweigt, sodass du dich vielleicht bei ihnen ausruhen oder sogar verstecken kannst? Oder sieht man die Wurzeln von deinem Baum gar nicht, weil sie unter der Erde sind? Wie ist der Stamm deines Baumes beschaffen? Ist er dick und kräftig, sehr hoch oder eher niedrig und schlank? Ist seine Rinde rau und schuppig oder vielleicht ganz glatt? Und wie sehen die Äste deines Kraftbaumes aus? Sind sie stark und mächtig oder eher dünn und biegsam? Hat dein Kraftbaum Blätter oder Nadeln? Welche Farben haben sie?

Stelle dir vor, wie du zu deinem Baum gehst und ihn berührst. Wenn du magst, kannst du dich nun mit dem Rücken an seinen Stamm lehnen und spüren, wie dein Kraftbaum dir jetzt ganz, ganz viel Kraft schenkt. Denn dazu ist er ja da!

Wie könnte sich diese Kraft anfühlen? Ist das ein angenehmes Gefühl im ganzen Körper oder ein feines Kribbeln? Ist es wie ein wunderschönes Licht, das durch deinen Körper strahlt und dich ganz stark macht?

Vielleicht gibt es eine Stelle in deinem Körper, die dir ein bisschen wehtut. Dann kannst du deinen Kraftbaum bitten, dort ganz viel gute Kraft hinzuschicken.

Genieße die Kraft, die dir dein Kraftbaum schenkt. Was macht sie mit dir? Fühlst du dich nun stärker, schneller oder mutiger? Alles, was du dir wünschst, darf dir dein Kraftbaum schenken.

Genieße dieses angenehme Gefühl noch einmal ganz intensiv … Und weißt du, was das Beste ist? Immer, wenn du deinen Kraftbaum brauchst, kannst du an ihn denken.

Bedanke dich jetzt bei deinem Kraftbaum, und dann nimm noch einmal drei tiefe Atemzüge.

Du kannst dich wieder gemütlich strecken und langsam deine Augen öffnen. Die Fantasiereise ist zu Ende.«

Fantasiereise: Deine Reise ins Waldreich

Sucht euch ein schönes Plätzchen, an dem ihr entspannt sitzen oder liegen könnt. Erkläre deinem Kind, dass es bei dieser Meditation ganz seiner eigenen Fantasie folgen soll. Du wirst es zuerst anleiten, und dann darf es sich vorstellen, wie es weitergeht. So lange, bis du die Klangschale schlägst bzw. die Gedankenreise beendest.

»Schließe deine Augen, und nimm einige tiefe Atemzüge, bis du merkst, dass dein Herzschlag langsamer wird und auch in deinem Kopf ein bisschen Ruhe einkehrt. Wenn die Klangschale erklingt, starte deine Reise ins Waldreich. Du kannst sie als fliegendes Insekt, krabbelnder Käfer, Eule, Reh, Mensch, Blume, Pflanze, Feder oder Baum antreten. Aber auch als Sonnenstrahl, Wind, Regentropfen oder Schneeflocke. Du kannst dir auch vorstellen, als du selbst durch den Wald zu spazieren.

[Klangschale anschlagen]

Nun mache dich auf zu deiner Reise ins Waldreich, und stelle dir all das vor, was dir Freude macht und worauf du Lust hast. Es gibt keine Grenzen, alles ist erlaubt!«

Nach 5–15 Minuten (je nach Alter deines Kindes) lässt du die Klangschale erklingen oder holst dein Kind auf andere Weise sanft aus der Meditation zurück. Wenn ihr möchtet, könnt ihr euch danach von euren Reisen berichten.

Meditation: Wir lauschen in den Wald

Mit geschlossenen Augen sitzt oder liegt ihr auf dem Waldboden. Bitte dein Kind am Anfang dieser Meditation, seine Ohren »aufzuwecken« und sie ein bisschen zu kneten und zu massieren.

Anschließend leitest du es an, mit seinen Ohren auf die »Suche« zu gehen und möglichst viele Geräusche zu finden. Vielleicht erkennt es eine Vogelstimme, nimmt ein Geräusch in weiter Ferne oder nächster Nähe wahr, ein Summen, Brummen, ein Blätterrauschen etc. Sage deinem Kind, dass es während des Lauschens auf tiefe Atemzüge achten kann. Wenn es mag, kann es auch seine Hände wie Lauschtrichter an seine Ohren legen. Was hört man besser, wenn der Trichter nach vorn offen ist? Was, wenn er nach hinten offen ist? Funktioniert es auch nach oben und unten? Gibt es einen Unterschied, wenn es sich die Ohren nur kurz zuhält?

Dann lauscht gemeinsam, und lasst euch Zeit damit. Wenn du merkst, dass ihr lange genug gelauscht habt, beende die Meditation. Berichtet euch im Anschluss von euren Wahrnehmungen.

Gehmeditation: Im Schneckentempo

Bei dieser Meditation geht ihr, wie der Titel es schon erahnen lässt, ganz langsam über den Waldboden. Dabei soll es still sein – es ist ja eine meditative Übung. Damit das gut klappt, übt das Gehen zuerst ein wenig. Hierbei darf natürlich gesprochen werden. Setzt die Schritte so, als würdet ihr ein lang gezogenes »Waldbaden« sprechen (Du kannst natürlich auch einen ganzen anderen Begriff wählen). »Wald« für den linken Schritt, »baden« für den rechten Schritt. Wenn das schon gut klappt, nehmt die Atmung hinzu. »Wald« und linker Schritt – einatmen. »Baden« und rechter Schritt – ausatmen. Auf diese Weise geht es nun ganz langsam und bedacht durch den Wald.

Sage deinem Kind, dass ihr diese Übung z.B. 5 Minuten macht und du ihm zum Ende ein Zeichen gibst.

Atemmeditation: Leicht wie ein Blatt

Zu Beginn sucht ihr euch je ein Blatt und setzt euch auf den Waldboden. Diese Übung orientiert sich an der sogenannten Ballonatmung: Beim Einatmen wird der Bauch rund wie ein Ballon, beim Ausatmen leert er sich wieder. Erkläre das deinem Kind, und probiert es gleich zusammen aus. Dann könnt ihr es euch auf dem Waldboden gemütlich machen und eure Blätter auf den Bauch legen.

»Wenn du es dir richtig gemütlich gemacht hast und dein Blatt, das auf deinem Bauch liegt, gut sehen kannst, schließe eine Weile deine Augen. Spüre, wo überall dein Körper den Waldboden berührt. An den Fersen … den Unterschenkeln … den Oberschenkeln … dem Po … am Rücken … an den Schultern … am Kopf. Dann nimm wahr, wo du die Waldluft beim Atmen spürst: Vielleicht an der Nasenspitze, im Mund oder weit hinten im Hals?

Öffne wieder deine Augen. Schau mal, wo sich dein Blatt befindet.

Nun beginne ganz vorsichtig mit der Ballonatmung. Einatmen – der Bauch wird rund. Und? Das Blatt geht mit ihm nach oben. Ausatmen – Bauch und Blatt senken sich. Ein – der Bauch wird kugelrund. Aus – der Bauch wird flach. [Leite dein Kind weiter auf diese Weise an, und weise auch auf das Blatt immer wieder hin.] Atme ruhig und bewusst, sodass dein Blatt gemütlich auf deinem Bauch liegen bleibt. Auf und ab … auf und ab.«

Diese tiefen und ruhigen Atemzüge helfen deinem Kind dabei, zur Ruhe zu kommen. Die Muskeln entspannen sich, es wird ruhiger, und die Atmung vertieft sich. Auf diese Weise kann es auch noch mehr von den heilsamen Terpenen in der Waldluft aufnehmen.

Bei Kindergartenkindern reichen ein paar Minuten, Grundschulkinder können mit etwas Übung diese Atmung bereits länger ausführen.

Atemmeditation: Leerer Kopf

Diese Übung ist als Krone der Meditationen mit Kindern zu verstehen und braucht einige Vorerfahrung!

In dieser Atemmeditation leitest du dein Kind an, sich mit geschlossenen Augen auf die drei Bereiche der Atmung (siehe »Vorbereitende Körperübungen«, S. 93) zu konzentrieren. Wenn Gedanken aufkommen, dürfen diese kurz betrachtet werden, aber dann wie Wolken einfach wieder vorbeiziehen, sodass der Kopf ganz leer wird. Ziel ist es, sich möglichst bewusst auf die Atmung zu konzentrieren und mit dem Wald eins zu werden – bis die Klangschale erklingt.

GRUPPENÜBUNGEN: ÜBUNGEN FÜR ZWEI UND MEHR KINDER

Zusammen macht Waldbaden noch mehr Spaß!

Wie gesagt: Alle unsere bisher aufgeführten Übungen aus den Bereichen »Aktivität« und »Ruhe« kannst du auch mit mehreren Kindern durchführen. Hier folgen nun noch einige ganz spezifische Gruppenübungen, die du mit deinen Kindern oder z.B. auch deren Freund*innen ausprobieren kannst. Bei sehr großen Gruppen empfiehlt es sich, die Übungen mit mehr als einem Erwachsenen anzuleiten.

Übergänge: Kleiner Redekreis

Wir empfehlen, den Kindern als Überleitung nach dem freien Spiel oder zwischen einzelnen Übungen kurz den Raum zu geben, erzählen zu dürfen, was sie in ihrer freien Spielzeit unternommen bzw. wie sie die Übungen erlebt und wahrgenommen haben. Besonders nach dem freien Spiel ist ein kleiner Redekreis wichtig, da die meisten Kinder in Gedanken oft noch bei ihrem gerade erlebten Abenteuer sind und vermutlich am liebsten dort weitermachen würden. Wenn sie darüber berichten dürfen, beruhigen sich diese Impulse, und dies stärkt auch die Verbindung zu dir. Du moderierst den kleinen Redekreis und übernimmst automatisch die Rolle des Anleitenden. Die Kinder, die gerade nicht sprechen wollen, sind bereits in einer passiven, ruhigeren Phase. Halte den Redekreis wirklich kurz, um die Aufmerksamkeit für die kommende Übung zu bewahren.

Samenspiel

Material: 1–2 große Decken für den Boden, viele verschiedenfarbige Spieltücher zum Zudecken (braun, grün, gelb, rot, orange, hellblau, dunkelblau)

Teile die Kinder in zwei Gruppen auf – die Samen- und die Wettergruppe. Die Kinder der Samengruppe überlegen sich, welcher Same sie sind, und dürfen es sagen, z. B. Walderdbeere, Wildapfel oder Wildkirsche.

Die Samengruppe darf sich auf den Decken auf dem Waldboden hinlegen und sich so klein wie möglich machen. Dann werden sie mit braunen und grünen Tüchern zugedeckt, die die Erde bzw. die Wiese symbolisieren. In der Wettergruppe gibt es Sonnenkinder mit gelben, orangen und roten Tüchern und Regenkinder mit verschiedenen blauen Tüchern.

Dann erzähle von den Samen: Beginne mit dem Winter, wo es kalt und die Erde gefroren ist, da liegen die Samen ganz ruhig und starr auf der Erde. Dann kommt allmählich der Frühling: Nun dürfen die Regen- und Sonnenkinder (Wettergruppe) mit ihren Tüchern abwechselnd sanft über die Samen streichen. Die Samen können langsam ihre Wurzeln wachsen lassen (die Kinder dürfen ein Bein aus den Tüchern hinausstrecken), danach kommt der Spross (der Kopf schaut aus den Tüchern hervor). Dann wachsen Pflänzchen in die Höhe, und die Blätter treiben aus (die Kinder dürfen langsam aufstehen und ihre Arme ausstrecken). Die Pflanzen blühen, Früchte wachsen und reifen. Die Wetterkinder dürfen am Ende sanft und zart von den Früchten naschen, indem sie so tun, als würden sie Früchte von den Samenkindern abpflücken und in den Mund nehmen.

Anschließend können die Gruppen wechseln.

Tipp: Du kannst zusätzlich Sonnen- bzw. Regeninstrumente als Geräusche verwenden. Für den Regen eignen sich Regenmacher, kleine Trommeln und Klanghölzer, für die Sonne Daumenklavier, Triangel und Glockenspiel.

Wer zwitschert da?

Diese Übung ist für ältere Kinder bzw. Schulkinder sowie größere Gruppen mit bis zu 11 Kindern geeignet.

Ein Kind meldet sich freiwillig und wird zum Lauscher. Dazu entfernt es sich mit einem Erwachsenen für eine Weile von der Gruppe, damit die anderen Kinder ihr Vogelkonzert vorbereiten können. Die Kinder bilden Paare und einigen sich jeweils auf ein »Gezwitscher« (Gruppe 1: »Piiep-Piiep«; Gruppe 2: »Tiriliiiiiii« usw.). Dann schwärmen die Vogelkinder am Waldplatz getrennt voneinander aus und suchen sich einen Platz, und der Lauscher kommt zurück. Die Kinder beginnen nun durcheinander mit ihrem »Gezwitscher«, und der Lauscher muss die jeweiligen Paare finden.

Diese Übung kannst du wunderbar dazu nutzen, ein paar typische Vogelstimmen zu besprechen. Vielleicht hört ihr diese sogar vor Ort. Sonst kannst du auch eine App oder eine Audioaufzeichnung verwenden.

Wir sind eine Vogelfamilie

Material: 2 Schüsseln samt Futter für die »Vogelkinder«, z. B. Sonnenblumenkerne und Rosinen (die Leckereien sollten klein sein)

Baue gemeinsam mit den Kindern ein einfaches Nest aus Zweigen, das so groß ist, dass alle darin Platz haben. Erzähle den Kindern dann, welche Nester Vögel bauen, und zeige ihnen Bilder von verschiedenen Nistplätzen. Erzähle von der Paarung, dem Eierlegen und dem Brüten. Dann kann die eigentliche Übung beginnen: Stelle die Schüsseln mit dem »Vogelfutter« in die Mitte. Bestimme je nach Anzahl der Kinder ein bis zwei Kinder als Vogeleltern, sie gehen in die Mitte. Die anderen sind die Vogelkinder, sie sitzen am Rand und piepsen hungrig. Die Vogeleltern haben die Aufgabe, ihre Kinder mit den Leckereien aus der Mitte zu füttern. Es ist aber nur erlaubt, maximal drei Kerne oder Rosinen gleichzeitig zu füttern. Nach jeweils 5 Minuten werden die Rollen so lange gewechselt, bis jedes Kind einmal Elternteil war. Frage am Ende, was die Kinder in den verschiedenen Rollen gefühlt haben.

Tipp: Alternativ kannst du vom Kuckuck erzählen, der selbst keine Brutpflege betreibt und seine Eier stattdessen in Nester kleinerer Singvögel ablegt, und versuchen, seine Lebensweise mit den Kindern nachzuspielen.

Blättergirlanden

Material: Hanfschnur, Schere

Sammelt die buntesten Blätter, und lasst gemeinsam Blättergirlanden entstehen. Dazu werden mit kleinen Zweigen Löcher in die Blätter gemacht und diese danach auf einer Schnur aufgefädelt. Zum Schluss werden alle Girlanden von Baum zu Baum und Ast zu Ast gespannt und der Waldplatz geschmückt. Bei eurem nächsten Waldbesuch wird die Blättergirlande wohl vertrocknet sein. Besprich diese Entwicklung mit den Kindern, und erkläre ihnen, dass irgendwann aus den Blättern wieder wertvoller Humus wird, in dem Neues wachsen kann. Gemeinsam könnt ihre die Girlanden abnehmen und die Blätter dem Waldboden zurückgeben.

WALDBADEN MIT KINDERGARTEN- UND GRUNDSCHULGRUPPEN

Für Pädagog*innen und Gruppenleiter*innen

Im Gegensatz zum Waldbaden mit dem eigenen Kind braucht es mit Kindergruppen weit mehr an Vorbereitung, pädagogischer Kompetenz und idealerweise auch an Erfahrung in der Anleitung von Kindern. All das wichtige Know-how rund um dieses Thema passt leider nicht mehr in dieses Büchlein. Das Wissen dazu vermitteln wir in weiterführenden, praktischen Workshops, in denen wir dich gern willkommen heißen.

Dennoch möchten wir an dieser Stelle ein paar wichtige Punkte anreißen, die bei Waldbesuchen mit Kindergruppen unbedingt zu beachten sind. Diese Liste soll nur als erster Denkanstoß dienen, denn zu jedem Punkt gäbe es noch viele Details zu ergänzen. Hast du vor, Waldbaden-Einheiten für Kindergärten oder Schulen zu veranstalten, bitten wir dich, dich umfassend zu informieren und entsprechend weiterzubilden. Auch dazu findest du Literaturempfehlungen ab S. 132.

- Wissen gibt Sicherheit: Lerne das wunderbare Ökosystem Wald und die gängigsten Baumarten kennen.
- Informationsabend organisieren: Informiere die Eltern über dein Vorhaben.
- Einverständniserklärungen einholen: Verschiedene Punkte wie Erstversorgung, Entfernung von Zecken, Essen etc. müssen mit Eltern besprochen und von ihnen bewilligt werden.
- Packliste erstellen und mitgeben: Sie dient Eltern dazu, ihre Kinder entsprechend auszurüsten.
- Begleitpersonen organisieren: Bei deinem Waldbesuch sollten euch je nach Gruppengröße mindestens ein bis zwei weitere Erwachsene begleiten. Am besten rechnest du einen Erwachsenen auf fünf Kinder.
- Plätze und Wege auswählen: nach Eignung und Sicherheit.
- Wind und Wetter: Kenntnisse über richtiges Verhalten bei Wind und Wetter und mögliche Gefahrenquellen sind äußerst wichtig.
- Waldbesitzer*innen kontaktieren: Beim Waldbaden in privaten Waldstücken solltest du um Erlaubnis fragen.
- Erste-Hilfe-Kurs besuchen: Dies ist ein Muss für alle Gruppenleiter*innen!
- Jede Altersstufe erlebt den Wald anders: Passe die Übungen an das Alter und die Bedürfnisse deiner Kindergruppe an.

- Inhalt, Thema, Übungen und Ablauf festlegen: Denke an den »grünen Faden« in deinen Waldbaden-Einheiten!
- Kinder auf den Wald vorbereiten: Besprich mit deiner Kindergruppe, was sie erwartet.
- Richtiges Verhalten im Wald: Sprich mit den Kindern vorab ausführlich über das Wichtigste.

Mit einer guten Vorbereitung schaffst du einen sicheren und angenehmen Rahmen für alle Beteiligten. Darüber hinaus bedarf es viel Flexibilität und Gespür für die Kinder und die jeweiligen Situationen, damit einerseits genügend Zeit für freies Spiel bleibt und andererseits die angebotenen Übungen gut angenommen werden. Mit Herz, Verstand und Liebe zum Wald und den Kindern wird dir dies mit Sicherheit gelingen!

GEFAHRENQUELLEN

In unseren Breitengraden sind Waldbesuche glücklicherweise kaum mit größeren Gefahren verbunden. Dennoch ist es ratsam, einige mögliche Gefahrenquellen und Maßnahmen zur Hilfe und Selbsthilfe zu kennen. Die im Folgenden aufgelisteten Gefahren sind absolut ernst zu nehmen und müssen immer bedacht werden. Dennoch sollte dies nicht dazu führen, einen Aufenthalt im Wald als »zu gefährlich« oder »zu aufwendig« einzustufen. Die Vorteile eines Waldaufenthaltes für Gesundheit, Körperwahrnehmung und Wohlbefinden überwiegen unter normalen Bedingungen ganz eindeutig!

Erste Hilfe und Notfall-Apps

Auch wenn man sich als Elternteil potenzielle Notfälle rund um das eigene Kind nicht gern vor Augen führt, empfiehlt es sich, in allen alltäglichen und nicht-alltäglichen Lebenssituationen einen »Notfallplan« im Hinterkopf zu haben. Das gilt auch für den Wald. Sorge dafür, dass dein Handy bei eurem Waldbesuch aufgeladen ist und alle Notrufnummern inklusive Vergiftungszentrale eingespeichert sind. Absolut empfehlenswert sind die sogenannten Notfall-Apps. Diese leisten nicht nur outdoor großartige Arbeit: Beim Drücken des Alarmbuttons werden automatisch die Position, der Name und die vom Handybesitzer hinterlegten Informationen an die Rettungsleitstelle übermittelt und ein Sprachanruf zu dieser hergestellt. Kommt aufgrund eines schlechten Signals kein Sprachanruf zustande, werden dennoch die in der Notruf-App hinterlegten Daten gesendet und die Leitstelle alarmiert.

Erste Hilfe mit Pflanzen

Wer sich mit Kräutern gut auskennt, weiß, dass es einige wertvolle »Ersthelfer« für kleinere Verletzungen gibt. Wir sammeln bereits auf dem Weg zum Waldplatz gern Spitz- oder Breitwegerich für kleine Schnitte. Es gibt einige praktische Bücher dazu, z. B. Coco Burckhardt: »Erste Hilfe mit frischen Wildpflanzen. Die Naturapotheke für unterwegs«.

Wind und Wetter

Während eines Gewitters sowie nach einem starken Sturm solltest du den Wald mit deinem Kind nicht betreten. Zu groß ist die Gefahr von Blitzeinschlägen, herabfallenden Ästen und umstürzenden Bäumen.

Totholz

Von toten Bäumen und Ästen geht eine nicht zu unterschätzende Gefahr aus. Daher solltest du dir am besten ein Grundwissen darüber aneignen, wie du tote Äste und Bäume erkennst. Das auffälligste Merkmal ist, dass Totholz in der Regel keine Rinde mehr hat! Tote Äste fallen aus großer Höhe, und ab einem gewissen Durchmesser sind diese lebensgefährlich. Totholz fällt vorwiegend im Sturm, aber es kann auch jederzeit passieren, dass ein toter Baum den Halt verliert. Achte daher darauf, dass du es dir mit deinem Kind nicht gerade in unmittelbarer Nähe eines toten Baumes oder unter einem Totholz-Nest bequem machst.

Übrigens: Nadelbäume halten ihre toten Äste fest, während Laubbäume sie runterwerfen. Darüber hinaus gibt es weitere Unterschiede zwischen den Baumarten.

Eichenprozessionsspinner

Diese Raupenart ist, wie der Name schon sagt, hauptsächlich in Eichenwäldern zu finden. Sie hat winzige Brennhaare, die ein Gift enthalten, das bei Kontakt Hautreizungen, Juckreiz und sogar Atembeschwerden verursachen kann. Eichenprozessionsspinner bauen im Frühling und Frühsommer ihre markanten weißen seidenen Gurtnester an den Stämmen und Ästen der Eichen und hinterlassen zudem seidene weiße Spuren. Werden Eichenprozessionsspinner bzw. deren Nester gesichtet, muss der Platz unbedingt vermieden werden! In diesem Fall gilt: Weiträumig ausweichen (oft sogar langfristig oder dauerhaft) und einen neuen Platz suchen.

Erdwespen

Verschiedene Wespenarten bauen ihre Nester unter der Erde. Das macht sie nicht gefährlicher als andere Artgenossen, allerdings ist die Gefahr groß, auf die Tiere oder das Nest zu treten. Dann wird es heikel, denn die Erdwespen rotten sich zur Verteidigung zusammen, und es bleibt selten bei einem einzelnen Stich. Beobachte daher euren Waldplatz immer aufmerksam.

Zecken und Mücken

Je nach Land und Region gibt es in Wäldern unterschiedlich häufig Zecken und/oder Stechmücken. Ein Zecken- bzw. Mückenschutzmittel ist aber immer empfehlenswert, denn vor allem Zecken können die Erreger von Borreliose oder auch Gehirnhautentzündung (Enzephalitis) in sich tragen. Bewährte Sprays gibt es in der Apotheke. Manche Menschen setzen alternativ auf Kokosöl, das vor dem Waldbesuch großzügig am ganzen Körper aufgetragen wird. Der Duft der im Kokosöl enthaltene Laurinsäure schreckt fiese Insekten ab. Entdeckt ihr eine Zecke am Körper, kreist ihr am besten die Stichstelle mit einem Stift ein und entfernt die Zecke anschließend mit einer speziellen Zeckenpinzette. Wenn sich ein Zeckenbiss auffällig rötet, was auch Tage nach dem Biss geschehen kann, sollte sofort ein Arzt aufgesucht werden. Hinweis: Eine Zeckenschutzimpfung ist empfehlenswert, da sie vor FSME schützt. Allerdings bietet sie keinen Schutz vor der ebenfalls durch Zeckenstiche übertragenen bakteriellen Erkrankung Borreliose.

Wildschweine, Wölfe und Bären

Wildschweine, Wölfe und Bären meiden den Menschen, tagsüber sind sie kaum anzutreffen, und gerade die Begegnung mit Wölfen und Bären sind sehr selten. Auch findet man sie lange nicht in allen Gebieten. Unbedingt aufpassen muss man allerdings bei Muttertieren mit ihren Jungen. Hier gilt es sich ganz ruhig zu verhalten und sich vorsichtig zurückzuziehen.

VIEL FREUDE BEIM AUSPROBIEREN!

Waldaufenthalte bieten deinem Kind nicht nur eine spannende – und vor allem entspannende – Abwechslung vom Alltag, sondern sind weit mehr: Sie dienen ihm als wertvolle und nachhaltige Ressource. Seine körperliche und geistige Entwicklung wird dabei ebenso gefördert wie seine Resilienz gegenüber der alltäglichen Stressbelastung. Hilfst du deinem Kind, seine Naturverbindung zu kräftigen, stärkst du damit auch sein Selbstwertgefühl, seine Empathie, sein allgemeines Wohlbefinden und gibst ihm Seelennahrung. Nicht zuletzt schenkst du deinem Kind wertvolle Wurzeln, die ihm auch in einer bewegten Zukunft Halt geben.

In diesem Büchlein stecken viel Erfahrung und Wissen – und doch gäbe es noch so viel mehr zu sagen. Das Wichtigste aber ist das Erleben. Waldbaden macht einfach Spaß und bringt euch als Familie einander näher. Wir wünschen dir und deinem Kind viel Freude beim Ausprobieren, Entdecken, Staunen und Erforschen, bei all euren großen und kleinen Abenteuern und nicht zuletzt beim Eintauchen in die wohltuende Ruhe des Waldes.

Ulli & Michaela

LITERATUREMPFEHLUNGEN

Für Erwachsene

Arvay, Clemens G.: Der Biophilia-Effekt – Heilung aus dem Wald. Edition a, 2015

Burckhardt, Coco: Erste Hilfe mit frischen Wildpflanzen. Die Naturapotheke für unterwegs. Eugen Ulmer, 2016

Dreyer, Eva-Maria & Dreyer, Wolfgang: Der Kosmos-Waldführer – Über 550 Tiere, Pflanzen und Pilze. Kosmos, 2019

Dreyer, Eva-Maria & Dreyer, Wolfgang: Der Kosmos-Waldführer – Ökologie, Gefährdung, Schutz. Kosmos, 2019

Felber, Ulli: Waldbaden – Das kleine Übungshandbuch für den Wald. Schirner, 2018

Hanck, Nicole: Mit allen Sinnen durch die Natur: Achtsamkeit und Konzentration im Vorschulbereich fördern. Ökotopia, 2018

Jaenike, Djamila: Baummärchen aus aller Welt. Mutabor, 2019

Louv, Richard: Das letzte Kind im Wald? – Geben wir unseren Kindern die Natur zurück! Beltz, 2011

Raith, Andreas & Lude, Armin: Startkapital Natur – Wie Naturerfahrung die kindliche Entwicklung fördert. Oekom, 2014

Thoma, Erwin: Die geheime Sprache der Bäume – Das Wunder des Waldes für uns entschlüsselt. Servus, 2019

Für Kinder

Green, Jen & McElfatrick, Claire: Bäume – Entdecke die verborgene Welt des Waldes. Dorling Kindersley, 2019

Marineris, Valles: Waldkinder – 12 Geschichten aus dem Waldkindergarten. Independently published, 2023

Neumann, Malin: Trolle, Wichtel, Pixies und Waldwesen aus aller Welt. Bohem Press, 2020

Oftring, Bärbel: Mein Kosmos-Buch Natur – Unsere 150 wichtigsten Tiere und Pflanzen. Kosmos, 2020

Van Saan, Anita: Das Naturforscher-Buch – Zum Mitmachen und Ausfüllen. ArsEdition, 2017

Weinhold. Angela: Wieso? Weshalb? Warum? junior, Band 6: Der Wald. Ravensburger, 2004

Wohlleben, Peter: Hörst du, wie die Bäume sprechen? – Eine kleine Entdeckungsreise durch den Wald. Oetinger, 2017

QUELLEN

1 de Keijzer, C., Gascon, M., Nieuwenhuijsen, M. J., Dadvand, P.: Long-term green space exposure and cognition across the life course: A systematic review. Current Environmental Health Reports. 2016; 3: 468–477. doi: 10.1007/s40572-016-0116-x

2 Amicone, G., Petruccelli, I., De Dominicis, S., Gherardini, A., Costantino, V., Perucchini, P., Bonaiuto, M.: Green breaks: The restorative effect of the school environment's green areas on children's cognitive performance. Front Psychol. 2018; 9: 1579

3 Ulrich, R. S., Simons, R. F., Losito, B. D., Fiorito, E., Miles, M. A., Zelson, M.: Stress recovery during exposure to natural and urban environments. Journal of Environmental Psychology. 1991; 11: 201–230. doi: 10.1016/S0272-4944(05)80184-7

4 Engemann, K., Pedersen, C., Arge, L., Tsirogiannis, C., Mortensen, P., Svenning, J.-C.: Residential green space in childhood is associated with lower risk of psychiatric disorders from adolescence into adulthood. Proceedings of the National Academy of Sciences. 2019; 116 (11): 5188–5193. doi: 10.1073/pnas.1807504116

5 Pirchio, S., Passiatore, Y., Pannom, A., Cipparone, M., Carrus, G.: The effects of contact with nature during outdoor environmental education on students' wellbeing, connectedness to nature and pro-sociality. Front Psychol Sec Environ Psychol. 2012; 12: 648458

6 Maas, J., Van Dillen, S. M. J., Verheij, R. A., Groenewegen, P. P.: Social contacts as a possible mechanism behind the relation between green space and health. Health Place. 2009; 15: 586–595. doi: 10.1016/j.healthplace.2008.09.006

7 Wells, N. M., Evans, G. W: Nearby nature – a buffer of live stress among rural children. Environ Behav. 2003; 35(3): 311–330. doi: 10.1177/0013916503035003001

8 Schwiersch, M.: Naturerfahrung und psychische Gesundheit bei jungen Menschen. Eine Fragebogenuntersuchung. Kinder und Jugendschutz in Wissenschaft und Praxis. 2009; 54(3): 80–83

9 Faber Taylor, A., Butts-Wilmsmeyer, C.: Self-regulation gains in kindergarten related to frequency of green schoolyard use. Journal of Environmental Psychology. 2020; 70:101440. doi: 10.1016/j.jenvp.2020.101440.

10 Bell, J. F., Wilson, J. S., Liu, G. C.: Neighborhood greenness and 2-year changes in body mass index of children and youth. American Journal of Preventive Medicine. 2008; 35(6): 547–553. doi: 10.1016/j.amepre.2008.07.006

11 LI, Qing et al: Effect of forest bathing trips on human immune function. In: Environmental Health and Preventive Medicine. 2010 Jan, 15 (1): 9–17, 2009

ÜBER DIE AUTORINNEN

Ulli Felber lebt in Graz und studierte Kommunikationswissenschaft in Salzburg. Die Burn-out-Prophylaxe-Trainerin und erste klinische Waldtherapeutin Österreichs hat sehr früh den Wald als Ort der Ruhe und Kraft für sich entdeckt. Ihr Wissen aus beiden Bereichen gibt sie in Workshops und Ausbildungen an Interessierte weiter und hat dafür viele Übungen selbst entwickelt. **www.waldwelt.at**

Michaela Kober ist Gründerin der waldpädagogischen (Kindergarten-)Alternative »KinderWald« in Graz. Die zertifizierte Waldpädagogin hat ein Studium der Pädagogik mit Masterabschluss in Elementarpädagogik absolviert und legte dabei einen Schwerpunkt auf alternativpädagogische Konzepte. Sie verfügt über Fortbildungen im Bereich der Pikler-Pädagogik, nach Jesper Juul und Helle Jensen. Ihre eigene Begeisterung für das Wunder Natur gibt sie im »KinderWald« mit Freude weiter. **www.derkinderwald.at**

BILDNACHWEIS

Bilder von der Bilddatenbank www.shutterstock.com
Schmuckelemente auf allen Seiten: Blätter und Zweige: #724418677 (© Alewiena_design), #757799752 (© Alewiena_design), #1838157217 (© Alewiena_design); Kinder (Silhouetten): #243020302 (© Nowik Sylwia), #2447989909 (© haruki yui), #52562749 (© sattva78), #1496964383 (© Nowik Sylwia), #1130884163 (© Christos Georghiou), #2135559063 (©arya wahyu pratama); Icons (Jahreszeiten und Regen): #1691871076 (© DStarky), #1699322425 (© DStarky), #1033931770 (© DStarky)
Weitere Bilder: S. 4: #1461891581 (© Jacob Lund), S. 10: #1129925426 (© Benjamin Nothdurft), S. 17: #2093293294 (© TAM99PH), S. 19: #1384178999 (© Jacob Lund), S. 21: #1936979710 (© Ground Picture), S. 22: #2344947259 (© KieferPix), S. 25: #2134304545 (© teddiviscious), S. 31: #1398493502 (© Stock Rocket), S. 34: #1172366776 (© Sharomka), S. 41: #2344947353 (© KieferPix), S. 42: #2167939237 (© Andrii Medvediuk), S. 44/45: #1180584910 (© dugdax), S. 49: #2119504883 (© Sergey Novikov), S. 57: #2179590913 (© Monkey Business Images), S. 65: #474123034 (© Sergej Cash), S. 70: #2417177131 (© Irina Magrelo), S. 73: #2027604446 (© Evgeny Atamanenko), S. 75: #736764154 (© Andrei Armiagov), S. 79: #2132745195 (© photoJS), S. 83: #2141434601 (© Gamtos dukra), S. 87: # 2190121043 (© FamVeld), S. 90: #700287940 (© Coy_Creek), S. 97: # 410656636 (© anastasiya adamovich), S. 100: #2104319345 (© Sleepyhobbit), S. 103: #1685568715 (© Ellischlee), S. 108: #265958351 (© Dariush M), S. 110: #2420973443 (© Paula P. Andrea), S. 115: #2430888855 (© Cavan-Images), S. 119: #1761695867 (© SakSa), S. 122: #2374635205 (© tasha0102), S. 125: #2033093819 (© Evgeny Atamanenko)

Bilder auf S. 26, 59, 61, 62, 66, 68 und 76: © Ulli Felber
Bild auf S. 92: © Michaela Kober